中國學術思想 研究輯刊

二九編

林慶彰 主編

第2冊

從荀子的性惡論看「善」的實現

朱敏伶 著

德與性的統一：孟子的人禽之別

鄭長佑 著

花木蘭文化事業有限公司

國家圖書館出版品預行編目資料

從荀子的性惡論看「善」的實現　朱敏伶 著／德與性的統一：
孟子的人禽之別　鄭長佑 — 初版 — 新北市：花木蘭文化事業
有限公司，2019〔民 108〕
目 2+90 面／目 2+70 面；19×26 公分
（中國學術思想研究輯刊 二九編；第 2 冊）
ISBN 978-986-485-703-6 ／ 978-986-485-704-3（精裝）
1.（周）荀況 2.學術思想 3.性惡論／1.（周）孟軻 2.學術
思想 3.先秦哲學
030.8　　　　　　　　　　　　　108001190 ／ 108001193

ISBN-978-986-485-703-6

ISBN-978-986-485-704-3

9 789864 857036

9 789864 857043

中國學術思想研究輯刊
二九編　第 二 冊　　ISBN：978-986-485-703-6 ／ 978-986-485-704-3

從荀子的性惡論看「善」的實現
德與性的統一：孟子的人禽之別

作　　　者　朱敏伶／鄭長佑
主　　　編　林慶彰
總 編 輯　杜潔祥
副總編輯　楊嘉樂
編　　　輯　許郁翎、王筑　美術編輯　陳逸婷
出　　　版　花木蘭文化事業有限公司
發 行 人　高小娟
聯絡地址　235 新北市中和區中安街七二號十三樓
　　　　　　電話：02-2923-1455 ／傳眞：02-2923-1452
網　　　址　http://www.huamulan.tw 信箱 hml810518@gmail.com
印　　　刷　普羅文化出版廣告事業
封面設計　劉開工作室
初　　　版　2019 年 3 月
全書字數　67226 字／56383 字
定　　　價　二九編 15 冊（精裝）新台幣 28,000 元

從荀子的性惡論看「善」的實現

朱敏伶 著

作者簡介

　　朱敏伶，1979 年生於基隆，後遷居台北市。1997 年畢業於北一女中，2001 年畢業於國立新竹師範學院（現爲國立清華大學竹師教育學院）數理教育學系，2012 年畢業於輔大哲學系碩士班。

　　現職爲新北市新莊區光華國小教師，希冀以兒童哲學理論融入閱讀教育，目的爲發展兒童的理性與高層次思考（對宇宙、自然、甚至人自身的價值）。

提　要

　　先秦時期，探討的「性」已有對自身價值判斷的成分在，如告子言「性無善無不善」，孟子言「性善」。而荀子把人性定義在「惡」上，是此三者之中最大膽也最有道德勇氣的。荀子提出應該由心去化性起僞，替「性惡」的起點畫了一條路徑到終點「善僞」，也就是替人類社會中所發生的問題尋求解決之道。人不能無群，是社會發展的必然現象，人爲了共同的生活目的而群居，是國家會形成的主因。荀子意識到群體與社會規範必須要有「禮」才能維持其恰如其份的和諧。更進一步提出由「樂」來輔助「禮」抒發人的情感，也提出「法」作爲最具強制性的具體規範，期望個人的化性起僞能推廣到群體，讓整個社會達到「善」。

目次

第一章 緒 論

第一節 研究動機

筆者在小學的教育現場工作剛好滿十年，看到的現況也正是一個社會處於極大轉變的縮影。每個孩子都有自己的個性和特質，以往的家長大多會希望老師盡力針對其較不適當的行為，如愛說話、搶東西。然後盡量矯正其行為，讓其能夠在群體生活下學習與他人相處，筆者想這乃是人要進入社會化的歷程。而這幾年的狀況則不然，小孩犯了錯或行為不恰當，就會出現少數的父母強力為其辯護，甚至脫口而出說孩子就是看到喜歡的東西就會想要，這種缺點沒辦法改。有幾次的狀況甚至嚴重到可能要進入司法程序，家長氣急敗壞的指責校方、或是對方的過錯，認為孩子全部都是被別人帶壞的，還一直強調孩子以前是多麼善良，以彰顯孩子都是在外面學壞的，跟家庭教育完全無關。

有一次，校長語重心長的說：「我有時候不得不懷疑人性是不是真的本惡？」而這句話讓人聯想起因「性惡」而聲名大噪的荀子。而筆者又想起曾看過黑格爾（Georg Wilhelm Friedrich Hegel, 1770～1831）說過的一段話：「有人以為，當他說人本性是善的這句話時，是說出了一種很偉大的思想；但是他忘記了，當人們說人本性是惡的這句話時，是說出了一種更偉大得多的思想。」〔註1〕當然，荀子的「性惡」思想並不如表面上看來直接解釋為人性本

〔註1〕馬克思，恩格斯著，中共中央馬克思，恩格斯，列寧，斯大林著作編譯局編：《馬克思恩格斯選集》，北京：人民出版社，1995，頁237。

惡這麼簡單，但是荀子提出「性惡」的目的應該是希望人能知道自己是能夠經由禮義而教化，而非直接用「性惡」的說法來否定人的價值。所以比起一般人喜歡說荀子是主張「性惡」，筆者更喜歡說荀子主張的是「化性起偽」，這個說法蘊含著人有自省錯誤的能力、並且相信人本身有實現善的潛能。

教育現場的大多數孩子都是善良可愛的，也大多數願意一直往好的品德修養前進。但是，筆者不得不承認，有極少數的孩子出現的行為，加以家長認為那只是順其人格特質的表現，進而否定教育中有一個重要的任務，就是使其受教育者能遵守社會秩序，這些現象嚴重的在動搖筆者心中的教育熱誠。所以不得不深思荀子所言「人之性惡，其善者偽也」的過程是甚麼呢？如何才能化性起偽？人又如何能深其內在而做到自我反省呢？甚至如黑格爾所言，人能夠願意承認自己有「惡」的部份（姑且不論其所言人性是惡這句話是否正確），是不是某種程度上更讓人跟禽獸的分別更明確呢？這些問題引起了筆著的興趣，想循著荀子學說中性、偽的關係，惡、善的路徑，重拾教育對於「人之所以為人」的意義與信心。

第二節　研究範圍

荀子的生卒年經錢穆考證為西元前 340 到西元前 245 年，〔註2〕而羅根澤採不同看法，他認為荀子的生年約在西元前 313 到西元前 312 年前後，西元前 238 年確定還建在，但是卒年不詳。〔註3〕可見關於荀子的生卒年的認定有很大的歧異，但是對於荀子遊齊三為祭酒，且在稷下最為老師的這件事情的看法是一致，認為真實性很高，〔註4〕那麼可以推測荀子在當時的社會地位應該不低。一般來說，荀子乃是被歸於儒家的，但是根據荀子在稷下的遊歷，許多學者都提出荀子和稷下學者的學說有重要的聯繫，如〈天論〉中則融合了儒家的天人合一論和道家強調的天道的自然無為與順應自然；〔註5〕〈正名〉中的共名、別名的分類方式，則是受到《墨經》的影響；〔註6〕〈性惡〉則受

〔註2〕 錢穆：《先秦諸子繫年下冊》，臺北市：香港大學出版社，1956，頁 619。
〔註3〕 羅根澤：《諸子考索》，北京：人民出版社，1958，頁 369～370。
〔註4〕 錢穆：《先秦諸子繫年下冊》，頁 437～438。羅根澤：《諸子考索》，頁 364～368。
〔註5〕 白奚：《稷下學研究——中國古代的思想與百家爭鳴》，北京，生活‧讀書‧新知三聯書局，1998，頁 283。
〔註6〕 潘小慧：《從解蔽心看荀子的知識論與方法學》，臺北縣永和市：花木蘭文化出版社，2009，頁 51～52。

到稷下先生尹文、田駢、愼到的啓發；〔註7〕而〈解蔽〉中的虛壹而靜，被認爲是改造稷下的黃老學；〔註8〕其中最值得注意的便是先秦諸子當中在齊學各家中共同的黃老學派，〔註9〕在道家黃老學派中，禮法結合是其學說的普遍特點，荀子便是循著這條路線繼續發展。〔註10〕實際上，根據荀子學說的內容，確實看得出他是一位綜合先秦各家學說的大成者。〔註11〕爲了使論述的內容更爲流暢，對於此一部份採以參考爲主，並無大量呈現於文字當中。但是筆者不得不承認在探索其思想淵源的歷程中，對於荀子的學說所涉及的範圍之廣，以及其吸取了各家之長並加以改造的能力，著實感到驚異與佩服。

關於《荀子》一書的解讀方面，也遭遇到些許困難。《荀子》一書從先秦一直到唐代才有楊倞爲之注，雖然重新編排過，但是不失漢時之舊，因爲宋明儒者對荀書頗多非議（以〈非十二子〉、〈性惡〉受指責最多），直到清中葉以後才受重視；光緒年間由王先謙採集各家之說並編著《荀子集解》。〔註12〕因爲《荀子》一書在歷史上的命運坎坷，一直不被重視，各家學者對其眞僞持各種不同的說法。廖明春認爲《荀子》各篇蓋分爲三類：第一類是荀子親自所著；第二類是荀子弟子所記錄的荀子言行；第三類是荀子整理、收集的資料，然後穿插弟子之作。〔註13〕筆者以爲，依照廖明春的說法，《荀子》應該算是最能接近瞭解荀子思想的書，所以仍將其視爲研究荀子思想最珍貴的資料。

筆者研究的主要範圍是《荀子》一書，其中以〈性惡〉、〈天論〉、〈正名〉、〈解蔽〉四篇爲主，探討的較多也較爲深入。而這四篇被胡適認定爲是荀子的精華所在，〔註14〕故參考價值極高。《荀子》的原典中有些字的更動和斷句上的爭議，則以王先謙的《荀子集解》爲主，輔以梁啓雄《荀子簡譯》、王忠林的《新譯荀子讀本》、熊公哲的《荀子今註今譯》等書排除其文字上解讀上

〔註7〕白奚：《稷下學研究——中國古代的思想與百家爭鳴》，頁276。
〔註8〕胡家聰：《稷下爭鳴與黃老新學》，北京：中國社會科學出版社，1998，頁91～93。
〔註9〕林麗娥：《先秦齊學考》，臺北市：臺灣商務印書館股份有限公司，1992，頁313。
〔註10〕白奚：《稷下學研究——中國古代的思想與百家爭鳴》，頁281。
〔註11〕同上，頁274。
〔註12〕王先謙：《荀子集解》，北京：中華書局，1996，（點校說明）頁2～3。
〔註13〕廖名春：《荀子新探》，臺北：文津出版社，1994，頁55。
〔註14〕同上。

的疑慮。內容深究的部份，則參酌相關的通書類和專著類，如：曾春海、葉海煙、尤煌傑、李賢中合著的《中國哲學概論》、羅光（1911～2004）的《中國哲學思想史・先秦篇》、徐復觀的《中國人性論史・先秦篇》等書乃屬通書類；如廖名春的《荀子新探》、龍宇純的《荀子論集》、牟宗三的《名家與荀子》等書則屬於專著類。另外也參酌相關的學位論文與期刊論文，如潘小慧的《從解蔽心看荀子的知識論與方法學》、趙玲玲的〈先秦儒道兩家形上思想的研究〉等為學位論文；如張勻翔的〈本於立人道之荀子「不求知天」與「知天」觀之智德內涵〉、杜保瑞的〈荀子的性論與天論〉等為期刊論文。此外，還少量參酌一些西方哲學的論述便於從不同於中國哲學的觀點做些許比較，如姚厚介的《希臘哲學史 2》、汪斯丹博根（Fernand Van Steenberghen, 1904～1993）著，李貴良翻譯的《知識與方法之批判》，便是屬於此類。

第三節　研究目的

　　筆者以為荀子提倡「性惡」的目的乃是要倡導「善」，除了針對個人，也有是著墨在社會秩序而言。所以本文先從性的定義、性惡的詳細內容、性惡的論據進行瞭解，務期確實掌握荀子所言「性惡」的意義與實質內涵。再經由荀子對於人的心的能力所做的探討，進而瞭解人與禽獸的分別；再透過釐清為何荀子要強調天人有別之後，深思人的價值雖建立在心之上，但是心的蔽患也證實人的心並非無所不能、無所不知的，認清能解蔽除惑才是人心最珍貴之處。最後透過心能分辨「性」、「偽」，瞭解「善」在荀子學說中的價值與意義，乃是與現代社會中所追求的目標是一致的。

　　在先秦時期，牽動社會秩序善惡的主要關鍵乃是在於君王；君王若能德行完備，就能符合人民期待。社會制度發展到今日，已經不可能走回頭路，聖王的期待已不符合實際需求，把社會秩序的維護僅僅繫在一個人的身上，不僅危險也過於理想化。荀子也知道聖人難得，但是他是篤信人的心有能力，讓自己至少不會成為順情性的「小人」，也就不至於讓社會秩序崩壞成「惡」。所以，荀子雖言「性惡」，其對於人的心有能力實現「善」的此一理想來看，絕不亞於倡言「性善」的孟子，且恐猶有勝之。

　　荀子雖然在現實的經驗中論「性惡」，卻也還是無法避免的走向了一個理想化的「善」。筆者以為荀子所重視的禮義、法治概念，在現今社會中用教育的方式內化於每個人的心中是最實際的。所以本論文試著在荀子的學說中，

釐清在現實與理想之間的拉扯，並探究其學說的真正核心（也就是讓「善」成爲可能），在現今社會中的實際價值。

第四節　研究方法

　　《荀子》一書因爲真僞問題與注解上的歧異，再加以各家斷句或增字的情形，使得解讀上出現難度。有的可能是有根據的使用先秦用字習慣來更動字，如王先謙認爲「性之和所生」中的「性」乃是「生」的誤寫；〔註 15〕有的是從字形與前後文的意義來判斷傳抄錯誤，如「則將須道者之虛則人」的「人」當爲「入」字。〔註 16〕諸如此類的現象不勝枚舉，更不要說有些說法根本是用自己的想法去改《荀子》，其證據的有效度更顯薄弱。所以資料蒐集法可以幫助筆者劃分出各種類型的論述，才能進一步運用概念分析法去探究《荀子》一書中的提出的核心概念是什麼？想要解決的問題又是什麼？其最終的目的又是什麼？這些乃是本論文提出並探究的議題。

　　雖說《荀子》一書各家的解讀上差異頗大，如「性惡」一直被解讀爲「人性本惡」居多，但是筆者細讀《荀子》之後，則有不同的看法。《荀子》一書中的「善」、「惡」中所指乃是「正理平治」與「偏險悖亂」，事實上探討的就是「群」的問題，也就是社會秩序的問題。所以筆者以爲「性惡」是荀子學說的起點，而終點就是實現「善」。而荀子學說中認定人能從「性惡」到「善」的關鍵在於「心」，所以筆者花了較大的篇幅處理了荀子學說中「心」的意義，並針對其能力的定義與概念作說明，大多以原典文獻比對各家學者的說法，佐以自己的理解，盡量裁選既不違背原典本意，又能與《荀子》各篇章有相通之處的說法。其中，〈天論〉把「心」稱作「天君」，其中所蘊含的天人關係看似緊密卻又強調其分別，是荀子學說的特點，也就是人該爲自身社會秩序的「善」、「惡」負責的重要論述。所以釐清荀子學說中「天」的意義，有助於瞭解荀子學說中把「心」視爲人異於禽獸的獨特之處。但是荀子認爲「心」的能力乃是有限的，所以必須排除蔽患問題，也就是使用「虛」、「壹」、「靜」的方法，才能使「心」達到「大清明」，進而「化性起僞」把「善」從個人自身推廣到「群」。

〔註15〕王先謙：《荀子集解》，頁 412。
〔註16〕梁啓雄：《荀子簡譯》，臺北：木鐸出版社，1983，頁 295。

　　因此，本篇論文採用的研究法，首先採用資料蒐集法，也就是對於《荀子》一書的文本，先作資料蒐集；關於前人的研究與詮釋也做系統性的劃分來統整分類。本論文一開始從引發筆者研究動機的〈性惡〉開始，先用統計比較法計算出現較多次的概念，如：「性」、「惡」、「善」、「心」，再使用檢索關鍵字找出相近字句的使用與解釋，確定該關鍵字的用法。再將以上的重要核心採用概念分析法，使得《荀子》一書中的各個重要字義，藉由前人的研究成果，來論述其理解、澄清並試著整合《荀子》各篇章的相似說法。此外，因為《荀子》的內容具有很高的文學造詣，採用大量排比、譬喻、頂真……等文學技巧，本論文亦運用文學分析法以求通讀原典，務求對《荀子》一書的瞭解更有其可性度，進而對文獻做出詮釋。

第二章　荀子的性論

第一節　性的定義

在荀子的學說中，「性」的概念扮演著非常重要的地位。從「性」的界定，荀子衍生出許多與其相關的概念。如本章第二節要討論的情和欲的概念，便是直接由性所衍生。除此之外，「性惡」一說是荀子學說中最為人知的部分；而荀子學說中的另一個關鍵的概念，便是與「性」處於對立地位的「偽」。所以要確實掌握荀子的學說，筆者以為定要從荀子對「性」的看法開始，才能對其學說有正確的瞭解。

一、性的界定

荀子對於許多名詞界定的內涵大多收錄在〈正名〉當中，所以對於「性」的意義，應該以〈正名〉為主。在其中有一段對「性」的定義：

> 散名之在人者：生之所以然者謂之性；性之和所生，精合感應，不事而自然謂之性。性之好、惡、喜、怒、哀、樂謂之情。情然而心為之擇謂之慮。心慮而能為之動謂之偽；慮積焉，能習焉，而後成謂之偽。正利而為謂之事。正義而為謂之行。所以知之在人者謂之知；知有所合謂之智。所以能之在人者謂之能；能有所合謂之能。性傷謂之病。節遇謂之命：是散名之在人者也，是後王之成名也。

唐代的楊倞在注釋「生之所以然者謂之性」這一句當中的性字，和「性之和所生，精合感應，不事而自然謂之性」的性字有些許不同。「生之所以然者謂之性」被注解為「人生善惡，故有必然之理，是所受於天之性也。」[註1]

〔註 1〕王先謙：《荀子集解》，頁412。

楊氏在注解「性之和所生，精合感應，不事而自然謂之性」則提到：「和，陰陽沖和氣也。事，任使也。言人之性，和氣所生，精合感應，不使而自然。言其天性如此也。精和，謂若耳目之精靈與見聞之物和也。感應，謂外物感心而來應也。」〔註2〕楊倞先是把性和天做了連結，接著又把性視為陰陽之氣互相沖和所產生的產物。筆者以為，這樣注解的靈感可能來自於〈天論〉中所提到的陰陽概念，〈天論〉中有提到陰陽的有三段：

> 列星隨旋，日月遞炤，四時代御，陰陽大化，風雨博施，萬物各得其和以生，各得其養以成，不見其事，而見其功，夫是之謂神。

> 所志於陰陽者，已其見和之可以治者矣。官人守天，而自為守道也。

> 星隊木鳴，國人皆恐。曰：是何也？曰：無何也！是天地之變，陰陽之化，物之罕至者也。

但是仔細看〈天論〉中所提到的「陰」、「陽」，便可知指的乃是自然現象，其中並沒有哲學意義，這和楊倞所提到的陰陽沖合之氣的論調並不相同；再者，將人之性受於天之性的說法，也和〈天論〉中的自然天的定義相悖。所以，楊倞也許在注解《荀子》一書時，將陰陽賦予了哲學意涵，所以對性的定義便出現這樣的連結。筆者以為此一說法有待商榷。不過其中「精和，謂若耳目之精靈與見聞之物和也。感應，謂外物感心而來應也。」的說法則提到，性乃是人生理上的官能（耳、目）的部分，此則和《荀子》一書的意涵有相符之處。〔註3〕

清代王先謙認為，「性之和所生」中的「性」乃是「生」的誤寫，他說：

> 「性之和所生」當作「生之和所生」。此「生」字與上「生之」同，亦謂人生也。兩謂之性，相儷。「生之所以然者謂之性」，「『生之』不事而自然者謂之性」，文義甚明。若云「『性之』不事而自然者謂之性」，則不詞矣。此傳寫者緣下文「性之」而誤，注「人之性」，「性」當為「生」，亦後人以意改之。〔註4〕

王先謙的說法並非毫無根據，甚至可以說確實有論據可支持此一說法。因為

〔註2〕 王先謙：《荀子集解》，頁412。

〔註3〕 見〈天論〉：「天職既立，天功既成，形具而神生，好惡喜怒哀樂臧焉，夫是之謂天情。耳目鼻口形能各有接而不相能也，夫是之謂天官。心居中虛，以治五官，夫是之謂天君。」

〔註4〕 王先謙：《荀子集解》，頁412。

在先秦時期，「生」和「性」是通用的，都寫做「生」。另一方面，「以生釋性」乃是孟子當時或以前所流行的訓釋。〔註5〕其中「相儷」一詞乃是成對、平行的意思。但是將全文細看之後，筆者以爲此一說法也是有疑慮。〈正名〉中所言「情然而心爲之擇謂之慮」中的「情」，乃是指上文「性之好、惡、喜、怒、哀、樂謂之情」中的「情」；同理，「心慮而能爲之動謂之僞」的「慮」，也是指上文「情然而心爲之擇謂之慮」的「慮」。若根據王氏的說法，下文中「性之好、惡、喜、怒、哀、樂謂之情」的性指的乃是「生之所以然者謂之性」的性，而非指「性之和所生，精合感應，不事而自然謂之性」的性。這樣反倒是使前後文結構不連貫，故筆者以爲，「性之和所生」中的「性」仍舊維持原字，不必改爲「生」字。

梁啓雄在其著作中，注解第一句「生之所以然者謂之性」時說：「此性字指天賦的本質，生理學上的性」〔註6〕，下一句的前半「性之和所生，精合感應」注解爲：「精合、指精神和事物相接。感應、指事物感人而人接應它。」〔註7〕；後半「不事而自然謂之性。」中的性則注解爲：「這性字指天賦的本能，心理學上的性。」〔註8〕依梁氏的說法，荀子將性的意義分開爲兩層來解釋，分爲「生理的性」和「心理的性」。其實荀子在〈正名〉中確實有指出，同名所指的意涵不一定相同的概念。如「心慮而能爲之動謂之僞；慮積焉，能習焉，而後成謂之僞」中的「僞」；和「所以能之在人者謂之能；能有所合謂之能」中的「能」，均各自有兩層意義的說明。〔註9〕所以說若是假定荀子把「性」分爲兩層說明，以此段文章的結構來說，確實有此可能。但是，荀子真的把能清楚的把性界定分爲「生理的性」和「心理的性」嗎？筆者以爲，荀子確實將性分兩層意義說明，但是荀子應該沒有明確的分出「生理」和「心理」的性，否則他應該使用更爲容易辨別其概念的字。畢竟，〈正名〉乃是荀子對他所使用的概念下定義的篇章，應該會對想說明的概念表達得更爲清楚、明確。

徐復觀認爲「生之所以然者謂之性」中的「生之所以然」，乃是「求生的

〔註5〕　傅斯年：《性命古訓辯證》，桂林：廣西師範大學出版社，2006，頁59～67。
〔註6〕　梁啓雄：《荀子簡譯》，頁309。
〔註7〕　同上。
〔註8〕　梁啓雄：《荀子簡譯》，頁309～310。
〔註9〕　劉振雄：〈荀子「性惡」說芻議〉，《東華人文學報》第六期：東華大學人文社會科學學院，2004年7月，頁62～63（57～92）。

根據，這是從生理現象推進一層的說法。」〔註 10〕徐氏認為是把生理現象推進一層到天，所以徐氏在書中還提到荀子所說的人性即應通於天道，此一論述與楊倞相近。徐氏解釋「性之和所生，精合感應，不事而自然謂之性」中認為性的主要意義界定為「與外物相合（精合），外物接觸（感）於官能所引起的官能反應（應）」。〔註 11〕因為徐氏認為荀子的思想是純經驗的性格，所以荀子不著重在「生之所以然」這一層上論性，徐氏認為荀子人性論的主體，是在「饑欲食，及目辨色等，都是不必經過人為的構想，而自然如此（不事而自然），這也謂之性，這是下一層次的，也就是在經驗中直接能把握得到的性。」〔註 12〕也就說徐氏認為荀子的「性」雖有兩層意義，但是其性論學說是以討論感官與外物二者交互作用的結果的這一層當中，筆者以為此說法值得參考。但是，另一層將荀子所言的性與孔子的「性與天道」；抑或是與孟子「盡其心者知其性也」的性放在同一層次，〔註 13〕筆者以為還須再斟酌。

二、性的內容

《荀子》一書中，除了〈正名〉以外，在其他篇章也有提到性的內容，可以與〈正名〉中的內容相互參考。例如〈禮論〉中提到：

> 故曰：性者，本始材朴也；偽者，文理隆盛也。無性則偽之無所加，
> 無偽則性不能自美。

王先謙注此句中的「性」，云：「郝懿行曰：『朴』，當為『樸』。樸者，素也。言性本質素」，〔註 14〕所以荀子認為性乃是天生自然、生就如此之質樸者，有「自然義」、「生就義」、「質樸義」。〔註 15〕這不只和〈正名〉提到的「不事而自然謂之性」的說法相合，進一步提出人為的加工就是禮的文飾，也與《荀子》一書中的思想為一致。

〈性惡〉中提到有關性的內容：

> 凡性者，天之就也，不可學，不可事。……不可學，不可事，而在
> 人者，謂之性；……。今人之性，目可以見，耳可以聽；夫可以見

〔註 10〕徐復觀：《中國人性論史・先秦篇》，臺北市：臺灣商務印書館，1978，頁 232。
〔註 11〕同上，頁 233。
〔註 12〕同上。
〔註 13〕徐復觀：《中國人性論史・先秦篇》，頁 232。
〔註 14〕王先謙：《荀子集解》，頁 366。
〔註 15〕牟宗三：《才性與玄理》，臺北：學生書局，1979，頁 2～3。

之明不離目，可以聽之聰不離耳，目明而耳聰，不可學明矣。

這裡可以看出，荀子所說的「凡性者，天之就也」指的乃是官能的能力。和〈榮辱〉中的「目辨黑白美惡，耳辨音聲清濁，口辨酸鹹甘苦，鼻辨芬芳腥臊，骨體膚理辨寒暑疾養」中所言爲同一事；更和〈天論〉中提到的天官（耳、目、鼻、口、形能）彼此相呼應。所以筆者以爲荀子對於性的看法，顯然的確含有官能本身與其能力的意義在內。

〈性惡〉中也有另一部分提到有關性的內容：

今人之性，生而有好利焉，順是，故爭奪生而辭讓亡焉；生而有疾惡焉，順是，故殘賊生而忠信亡焉；生而有耳目之欲，有好聲色焉，順是，故淫亂生而禮義文理亡焉。

在〈正名〉中，好惡乃是情的內容；而在這裡稱爲性。而〈正名〉中提到：「性者，天之就也；情者，性之質也」，所以在荀子眼中，性以情爲質，所以這裡所言的好惡爲性，實際上也就是〈正名〉中的說法一樣。綜觀《荀子》之中，時常將「情性」二字並稱使用，如〈性惡〉的「夫好利而欲得者，此人之情性也」及「若夫目好色，耳好聽，口好味，心好利，骨體膚理好愉佚，是皆生於人之情性者也」等，便是如此。

而其中「生而有耳目之欲，有好聲色焉」所指的「以欲爲性」，乃是荀子學說中的特色。〔註16〕因爲〈正名〉中提到「欲者，情之應也」和耳目之欲而有好聲色，如同〈榮辱〉中的「飢而欲食，寒而欲煖，勞而欲息，好利而惡害」一般，所指的乃是「欲」的部分。而性又以情爲其實質呈現，所以在荀子的性論中，「欲」在某種程度上，可算是與「性」是同質的。至於「性」、「情」、「欲」彼此之間的關係，下一節會有詳細的探討。

三、性的兩層意義

綜合各家學者的解釋，筆者認爲荀子對性的定義確實有兩個層面：

（一）第一層「生之所以然者謂之性」指的應該是「人生理上的官能及其能力」，這點乃是「本始材朴」，而且爲「天之就也，不可學，不可事」。

（二）第二層「性之和所生，精合感應，不事而自然謂之性」指的應該是「官能的欲望」，依荀子提到的「情者，性之質也；欲者，情之應也」，可以知道「欲」乃是人的官能與外物接觸的反應，也是「性」的內容之一。

〔註16〕徐復觀：《中國人性論史・先秦篇》，頁234。

討論至此，有幾點需要注意的地方。首先，依〈正名〉中對性的界定來說，筆者以為荀子在討論性的兩個層次上，人與禽獸似乎無別；再者，以《荀子》各篇章的內容來看，荀子對「官能的欲望」的部分，討論和著墨的確實較多且深；最後一點也是最重要的部分，就是依照荀子對性的定義來看，並沒有辦法看出有「性是惡的」之成分。其中，「飢而欲食，寒而欲煖，勞而欲息，好利而惡害」不可謂惡，「目明而耳聰」則是更不可能稱得上是惡。那麼，荀子究竟是從甚麼地方，用什麼方法，又為什麼主張性惡呢？這一部分容後再解釋。

第二節　性、情、欲的關係

上一節當中已經提到，「性」、「情」在《荀子》一書中，荀子在對其內容的說明時有重複或雷同的現象，「情性」二字連用的現象也不少。可見在荀子的論說中，「性」、「情」互有聯繫的關係已經不言而喻。而〈正名〉中提到「性者，天之就也；情者，性之質也；欲者，情之應也」的說法，也讓人注意到「性」、「情」、「欲」彼此之間似乎有著環環相扣的緊密。對「性」、「情」、「欲」三者關係的認識，又牽動著對荀子性惡論說根基的理解，筆者以為不可不慎。

一、性和情

想知道「情」究竟是什麼，一樣必須從〈正名〉開始，〈正名〉中提到：

> 性者，天之就也；情者，性之質也；欲者，情之應也。
>
> 性之好、惡、喜、怒、哀、樂謂之情。情然而心為之擇謂之慮。心慮而能為之動謂之偽。

這兩段裡面提到的是「情」的界定和內容。徐復觀認為可和〈榮辱〉中內容對照來看，〈榮辱〉中提到：

> 凡人有所一同：飢而欲食，寒而欲煖，勞而欲息，好利而惡害，是人之所生而有也，是無待而然者也，是禹桀之所同也。目辨黑白美惡，耳辨音聲清濁，口辨酸鹹甘苦，鼻辨芬芳腥臊，骨體膚理辨寒暑疾養，是又人之所常生而有也，是無待而然者也，是禹桀之所同也。……湯武存，則天下從而治，桀紂存，則天下從而亂。如是者，豈非人之情，固可與如此，可與如彼也哉！

徐氏說：「荀子雖然對『性』與『情』分別下定義，而全書常將情性二字互用。

且『生而有』、『無待而然』，正是『性者，天之就也』（正名篇）的另一說法，所以這一段話，實際是對性的內容的規定」〔註17〕，又說：「在先秦，情與性，是同質而常常可以互用的兩個名詞。在當時一般的說法，性與情，好像一株樹生長的部位，根的地方是性，由根生長上去的枝幹是情；部位不同，而本質則一。」〔註18〕

　　筆者以為〈正名〉中所提到的這兩段中所討論的性，乃是上一節推論出第一層的性，也就是「人生理上的官能及其能力」（下文所言之「性」，均是此義）。若依此觀點來看，徐氏的說法有值得參考之處，因為荀子在〈正名〉中對「性」、「情」分別下定義的內容來看，「性」、「情」在現實中乃是二事，這一點是無誤的。因為荀子提到「情」內容是「性之好、惡、喜、怒、哀、樂謂之情」，筆者以為假設某人目辨色的能力正常，假設他辨別出某種藍色，他可能會有喜歡或不喜歡的感覺，抑或者沒有喜不喜歡，就只是辨別出那是一種藍色而已。〔註19〕可以想見的，人要有眼睛才能看到顏色，才有可能對顏色起好惡。起好惡就是情的內容。所以，「情」必須以「性」的經驗為基礎。但是，「性」可以不發展到「情」，就還是維持在「性」。這和根能長出枝幹的聯繫不同，若根無法長出枝幹就是無法稱為根，就沒有根的價值（根與枝幹是相對關係）；但是「性」就算無法發展到「情」，「性」還是「性」，無損其價值。

　　再者，因為荀子說其中「性者，天之就也；情者，性之質也；欲者，情之應也」，這句話把「情」界定為「性」的本質（或實質）。所以有學者認為「情」被包含於「性」之中，如廖名春說：「『性』的表現為『情』，『情』又是『性』的實質內容之一，可見，『情』屬於『性』，是性的一個子概念」。〔註20〕但是對照荀子在〈正名〉提到：「生之所以然者謂之性；性之和所生，精合感應，不事而自然謂之性。性之好、惡、喜、怒、哀、樂謂之情。」筆者認為在概念形成的順序上，應該是「情」後於「性」，因為荀子在句子中運用了「性」這個字來詮釋「情」的概念。若將廖名春所言的「『情』又是『性』的

〔註17〕　徐復觀：《中國人性論史・先秦篇》，頁230。
〔註18〕　同上，頁233。
〔註19〕　筆者認為，人的好惡還有程度之分，比方說「很喜歡」藍色、「勉強接受」紫色、「超級討厭」黑色，這些都可算是「情」的內容，但是這裡只討論是否有符合「情」的內容，細部的層級不在討論範圍內。
〔註20〕　廖名春：《荀子新探》，頁122。

實質內容之一」改成「『情』是『性』的實質呈現」，這樣的說法應該會更為恰當。這並不意味著「性」被包含在「情」之內，也不能說「性」等同「情」。只能說在概念的形成順序上，「性」的概念形成先於「情」的概念；假設說沒有「性」的概念，何以生「情」的概念？也就是說必須以「性」的內容為基石，再加上其對外物所出現的感覺（好、惡、喜、怒、哀、樂）才得以清楚呈現出「情」的概念。

　　筆者認為荀子已明確的把「情」立足於「性」來解釋，便常以「情」、「性」並稱。所以《荀子》中此種用法可在許多篇章可找到。而且已經顯然把「情」和「性」當作同質同層的（「情性」）來討論，〔註21〕也有些隱含如何用人為的禮來文飾「情性」。比方說〈性惡〉提到：

　　以矯飾人之情性而正之，以擾化人之情性而導之也。

　　今人之性，飢而欲飽，寒而欲煖，勞而欲休，此人之情性也。

　　故順情性則不辭讓矣，辭讓則悖於情性矣。

又〈禮論〉提到：

　　故人一之於禮義，則兩得之矣；一之於情性，則兩喪之矣。

〈儒效〉也提到：

　　行法至堅，好脩正其所聞，以橋飾其情性。

　　縱情性而不足問學，則為小人矣。

　　行忍情性，然後能脩。

所以，筆者認為，〈正名〉說的「性者，天之就也；情者，性之質也」。以實際觀察到的現象來說，「目明而耳聰」和「性之好、惡、喜、怒、哀、樂謂之情」，絕對是不同的。所以「性」和「情」在實際上乃是兩種不同東西，前者為後者提供經驗做為基礎；但就概念形成上來說，「情」又是「性」的實質呈現，此二者其實是同質同層。荀子把「情」、「性」在人的現實經驗中分做二，在概念的討論上視為同質同層，並不相衝突。這也能解釋「性」、「情」在《荀子》一書中有分別的定義，卻又在其內容範圍的時有重複。

二、性、情和欲

　　上面已經界定出「情」、「性」在概念上是同質同層的，而且「情」的概

〔註21〕蔡仁厚：《孔孟荀哲學》，臺北市：臺灣學生書局，1984，頁390。

念立足於「性」來解釋。同理，〈正名〉中提到「欲者，情之應也」，也是確立了荀子在「欲」的概念立足於「情」來解釋。所以，「性」、「情」、「欲」在〈正名〉中已經很清楚的說明其概念上有其清晰的脈絡。那「欲」是什麼呢？〈正名〉中提到：

> 性者，天之就也；情者，性之質也；欲者，情之應也。以所欲爲可得而求之，情之所必不免也。以爲可而道之，知所必出也。故雖爲守門，欲不可去，性之具也。雖爲天子，欲不可盡。欲雖不可盡，可以近盡也。欲雖不可去，求可節也。所欲雖不可盡，求者猶近盡；欲雖不可去，所求不得，慮者欲節求也。道者、進則近盡，退則節求，天下莫之若也。

其中這一段「性者，天之就也；情者，性之質也；欲者，情之應也。以所欲爲可得而求之，情之所必不免也。」楊倞注說：「性者成於天之自然，情者性之質體，欲又情之所應，所以人必不免於有欲也。」〔註22〕羅光也說：「眼能見、耳能聽也是能，也稱爲性，因爲是屬於性。但是感官之能和喜怒好惡能常合在一起，一有感覺就有情。有了情，人的官能，就起反應，就動，便是欲；欲是想執行情的趨向。」〔註23〕羅光把「欲」定義爲「人的官能，就起反應，就動，便是欲；欲是想執行情的趨向」，那麼「欲」若是眞的將想執行情的趨向化爲眞實的行動，就容易被直接觀察到。所以說「欲」是受外在物體所影響才會出現的，也就是如果觀察到「欲」執行「情」所化做的實際行動時，這時的「欲」、「情」乃是互爲表裡的關係，而筆者認爲荀子的「情」的概念又立足於「性」；而荀子已在本段開頭言「性」乃「天之就也」，那麼「欲不可去，性之具也」的意義也就不難理解了。

所以，在《荀子》一書當中，可見「性」、「欲」的對應關係，如〈榮辱〉提到：

> 飢而欲食，寒而欲煖，勞而欲息，好利而惡害，是人之所生而有也，是無待而然者也，是禹桀之所同也。

〈王霸〉中提到：

> 夫人之情，目欲綦色，耳欲綦聲，口欲綦味，鼻欲綦臭，心欲綦佚。

〔註22〕王先謙：《荀子集解》，頁 428。
〔註23〕羅光：《羅光全書》，六冊，《中國哲學思想史・先秦篇》，臺北市：臺灣學生書局，1996，頁 636。

此五綦者，人情之所必不免也。

口好味，而臭味莫美焉；耳好聲，而聲樂莫大焉；目好色，而文章
致繁，婦女莫眾焉；形體好佚，而安重閒靜莫愉焉；心好利，而穀
祿莫厚焉。

由上可知，荀子所謂的「欲」，乃是人要滿足自己天生的感官所好的聲色味。
所以羅光說：「荀子以欲為性所有的，因為情為性的質體，欲為情的天然反應。」
〔註24〕

所以有學者認為荀子是以「以欲為性」，如蔡仁厚說：「事實上，荀子亦
正是把『性、情、欲』三者看做是同質同層的。」〔註25〕蔡仁厚認為荀子所
言的「性」的內容只能算是生物生命的內容，他說：「在這裡，只能見到『人
之所以為動物』的自然生命之徵象，而不能見到『人之所以為人』的道德價
值之內涵。」〔註26〕荀子確實有將「性、情、欲」在概念的本質上視為同質
同層，而蔡仁厚又認為荀子所言的「性」的內容只能算是生物生命的內容，
這點也是正確的。

羅光所言的「欲」，有執行情的趨向，那麼就顯示出「欲」相較於「情」、
「性」而言是最容易觀察和討論的。這和荀子的思想中，處處以經驗（見、
聞）為主要論述基礎的思考方式不謀而和。此一觀點可見〈儒效〉：

不聞，不若聞之，聞之不若見之；見之不若知之，知之不若行之；
學至於行之而止矣。……不聞不見，則雖當，非仁也。其道百舉而
百陷也。

依此，徐復觀認為「荀子的論據，皆立足感官所能經驗得到的範圍之內。」
甚至推崇荀子提出聞不如見的觀點，比起孔子是向經驗界更精密、更徹底的
進展。〔註27〕

筆者以為，「性」、「情」、「欲」在概念上的順序，是「欲」立足於「情」，
而「情」又立足於「性」。這和現實上，最容易觀察到的是「欲」，其次是「情」，
最後才是「性」，或許有相關。所以荀子對「性」的意義才會出現第二層（「官
能的欲望」）。所以「欲」和「情」才會在《荀子》一書中，常被當作「性」

〔註24〕 羅光：《羅光全書》，六冊，《中國哲學思想史・先秦篇》，頁637。

〔註25〕 蔡仁厚：《孔孟荀哲學》，臺北市：臺灣學生書局，1984，頁390。

〔註26〕 同上。

〔註27〕 徐復觀：《中國人性論史・先秦篇》，頁224～225。

的內容。筆者以為這乃是荀子將「性、情、欲」三者在概念上視為同質同層來討論的真義。在荀子的學說中,「以欲為性的表現方式」的說法是可以被接受的,只是應該要注意,切莫將「性、情、欲」視為完全等同觀之。

第三節　性惡

　　「性惡」是荀子學說的起點,〔註28〕若沒有正確的瞭解,對於之後解讀荀子的學說,將會陷入一步錯、步步錯的危機之中。

一、惡的意義

　　上一節的部分,已經將《荀子》中的「性」,界定的範圍和內容作了討論。那麼在討論荀子著名的「性惡」說之前,一樣得先檢視在《荀子》中提到的「惡」究竟是什麼意義。〈性惡〉中提到:

　　　凡古今天下之所謂善者,正理平治也;所謂惡者,偏險悖亂也:是善惡之分也矣。

其中,荀子已經提出「善」是「正理平治」;「惡」是「偏險悖亂」。所以,「善」和「治」;「惡」和「亂」,乃是相對的概念。在〈不苟〉中有提到如何界定「治」和「亂」:

　　　禮義之謂治,非禮義之謂亂也。

這裡看出了荀子所言的「治」和「亂」,就是「禮義」和「非禮義」。那麼「禮義」和「非禮義」的狀態若分別在人的身上顯現出來會是如何呢?我們可以在〈性惡〉中看到這一段:

　　　今人之化師法,積文學,道禮義者為君子;縱性情,安恣孳,而違禮義者為小人。

三段綜合來看,「禮義」和「非禮義」在人身上的狀態就是「君子」和「小人」。「小人」在《荀子》中若單指個人的行為並非特指犯罪者,是一種順於本性的人格特質:〔註29〕

　　　言無常信,行無常貞,唯利所在,無所不傾,若是則可謂小人矣。(〈不苟〉)

〔註28〕　潘小慧:《從解蔽心看荀子的知識論與方法學》,頁18。
〔註29〕　林耀麒:〈荀子心性論之研究〉,輔仁大學哲學研究所碩士論文,2010,頁86。

多言無法，而流湎然，雖辯，小人也。（〈非十二子〉）

君子樂得其道，小人樂得其欲。（〈樂論〉）：

但是在社會中，若在上位者乃是順於本性生活的小人又會如何呢？在〈仲尼〉中就評論春秋五霸乃是「小人之傑」：

然而仲尼之門，五尺之豎子，言羞稱五伯，是何也？曰：然！彼非本政教也，非致隆高也，非綦文理也，非服人之心也。鄉方略，審勞佚，畜積修鬥，而能顛倒其敵者也。詐心以勝矣。彼以讓飾爭，依乎仁而蹈利者也，小人之傑也，彼固曷足稱乎大君子之門哉！

荀子說就連五尺的童子，在言談間都羞於稱道五霸。春秋五霸被荀子定義是「小人之傑」，那麼當時的社會在荀子眼中恐怕已經無法稱為達到「正理平治」的「善」。而尤有甚者，乃是〈性惡〉中提到的：

所賤於桀跖小人者，從其性，順其情，安恣孳，以出乎貪利爭奪。

荀子提出桀跖小人因為順於自己的本性生活，貪利爭奪的行為比起五尺的童子難以稱道的五霸更嚴重，所以人民更輕賤桀跖。荀子發現個人的「非禮義」，擴大到社會上就變成「偏險悖亂」，這就是「惡」。依荀子所言，可以發覺「性惡」中的「惡」對個人和社會秩序上來說，乃是「禮義的缺乏」，並非一般道德認知上的惡。筆者以為荀子的「惡」，已擴充到可解釋社會秩序的「偏險悖亂」，這一點值得注意。

二、性惡的論證

要瞭解荀子學說中，「性惡」的要義，就必須將〈性惡〉中有關的論證一一解讀清楚。

〈性惡〉的論證一：

今人之性，生而有好利焉，順是，故爭奪生而辭讓亡焉；生而有疾惡焉，順是，故殘賊生而忠信亡焉：生而有耳目之欲，有好聲色焉，順是，故淫亂生而禮義文理亡焉。然則從人之性，順人之情，必出於爭奪，合於犯分亂理，而歸於暴。故必將有師法之化，禮義之道，然後出於辭讓，合於文理，而歸於治。用此觀之，人之性惡明矣，其善者偽也。

前已指出，荀子認為人之「性」會自然而然的表現出「欲」，若是人人順從欲望的追尋而無所節制（順是），自然而然會造成爭奪。正如〈王霸〉中提到「目

欲綦色，耳欲綦聲，口欲綦味，鼻欲綦臭，心欲綦佚。此五綦者，人情之所必不免也」（楊倞注：「綦者，極也。」），〔註 30〕再加上〈富國〉中所言「欲多而物寡，寡則必爭矣」。所以，以此觀之，荀子所謂「性惡」，所指應是人的欲望無所節制所產生的的結果論斷的。

〈性惡〉的論證二：

> 故枸木必將待檃栝、烝矯然後直；鈍金必將待礱厲然後利；今人之性惡，必將待師法然後正，得禮義然後治，今人無師法，則偏險而不正；無禮義，則悖亂而不治，古者聖王以人性惡，以為偏險而不正，悖亂而不治，是以為之起禮義，制法度，以矯飾人之情性而正之，以擾化人之情性而導之也，始皆出於治，合於道者也。今人之化師法，積文學，道禮義者為君子；縱性情，安恣睢，而違禮義者為小人。用此觀之，人之性惡明矣，其善者偽也。

這一段所提到的部分，唐君毅認為是以「君子之善，方見小人之不善」，這是一種對照關係。就如同〈不苟〉中提到的「君子，小人之反也」一樣，小人之所以為小人，在縱性情。〔註 31〕這個論證的要義基本上和第一論證的內容相近，都是「順情性為惡」。荀子在這裡提出了君子和小人的分別，就在於「化師法，積文學」和「縱性情，安恣睢」，所以能成為君子並非天生自然，而需刻意的「積」和「化」。

〈性惡〉的論證三：

> 今人之性，飢而欲飽，寒而欲煖，勞而欲休，此人之情性也。今人見長而不敢先食者，將有所讓也；勞而不敢求息者，將有所代也。夫子之讓乎父，弟之讓乎兄，子之代乎父，弟之代乎兄，此二行者，皆反於性而悖於情也；然而孝子之道，禮義之文理也。故順情性則不辭讓矣，辭讓則悖於情性矣。用此觀之，人之性惡明矣，其善者偽也。

荀子認為「飢而欲飽，寒而欲煖，勞而欲休」，乃是順人的情性而為的。但是，對自己的父兄願意謙讓和代勞，明顯的「皆反於性而悖於情也」。對父兄的謙讓和代勞乃是禮義之道，所以可知順人的情性乃是「非禮義」，就是「惡」。這點實不難理解。

〔註30〕 王先謙：《荀子集解》，頁 211。
〔註31〕 唐君毅：《中國哲學原論・原性篇》，香港：新亞書院研究所，1968，頁 50。

〈性惡〉的論證四：

> 凡人之欲爲善者，爲性惡也。夫薄願厚，惡願美，狹願廣，貧願富，
> 賤願貴，苟無之中者，必求於外。故富而不願財，貴而不願埶，苟
> 有之中者，必不及於外。用此觀之，人之欲爲善者，爲性惡也。今
> 人之性，固無禮義，故彊學而求有之也；性不知禮義，故思慮而求
> 知之也。然則性而已，則人無禮義，不知禮義。人無禮義則亂，不
> 知禮義則悖。然則性而已，則悖亂在己。用此觀之，人之性惡明矣，
> 其善者僞也。

荀子在此段是用「人之欲爲善」反證之，他提出了「薄願厚，惡願美，狹願
廣，貧願富，賤願貴」這五種說法。這五種說法都是指人的欲求，但是欲求
何時能停止呢？依荀子所言：「苟無之中者，必求於外」，又言「苟有之中者，
必不及於外」。筆者以爲這五種說法都是立足於生活經驗而言，人人都想達到
美好的生活，而美好的生活不就是社會的「正理平治」嗎？但是，人的欲望
是很難預期的，就如〈榮辱〉曾提到：

> 人之情，食欲有芻豢，衣欲有文繡，行欲有輿馬，又欲夫餘財蓄積
> 之富也；然而窮年累世不知不足，是人之情也。

廖明春解釋這一段爲「『芻豢』這樣精緻的食品，『文繡』這樣華麗的服飾、『輿
馬』這樣舒適的交通工具，並不能使人們的欲望得到完全滿足。有了這樣的
享受，還盼望著更多積蓄財富，就是到死也不滿足。人的欲望的這種貪婪性，
荀子認爲是一種生理需要，是必然的」，所以可知荀子認爲人的欲望具有「不
知足」的特點。〔註 32〕筆者以爲荀子認爲人的欲望具有「不知足」的特點，
源自於每個人認爲欲望滿足的標準不一，那麼又如何解決其欲望的永無止境
呢？此正是荀子在〈正名〉中爲什麼要提倡導欲和節欲的原因。不過，那又
是另外一個問題，在此暫且擱置不論。

〈性惡〉的論證五：

> 孟子曰：人之性善。曰：是不然。凡古今天下之所謂善者，正理平
> 治也；所謂惡者，偏險悖亂也：是善惡之分也矣。今誠以人之性固
> 正理平治邪，則有惡用聖王，惡用禮義哉？雖有聖王禮義，將曷加
> 於正理平治也哉？今不然，人之性惡。故古者聖人以人之性惡，以
> 爲偏險而不正，悖亂而不治，故爲之立君上之埶以臨之，明禮義以

〔註32〕廖名春：《荀子新探》，頁 255。

化之，起法正以治之，重刑罰以禁之，使天下皆出於治，合於善也。
是聖王之治而禮義之化也。今當試去君上之埶，無禮義之化，去法
正之治，無刑罰之禁，倚而觀天下民人之相與也。若是，則夫彊者
害弱而奪之，眾者暴寡而譁之，天下悖亂而相亡，不待頃矣。用此
觀之，然則人之性惡明矣，其善者偽也。

荀子認為若依孟子所言「性善」，那麼就表示其已達到「正理平治」，那就根
本不需要聖王和禮義。若不是因為順人之「性」無節制的發展，必會產生「偏
險悖亂」，才需要聖王。也就是說荀子強調「今當試去君上之埶」（當，借為
嘗），〔註33〕天下則「無禮義之化，去法正之治，無刑罰之禁」，會導致「天
下悖亂而相亡，不待頃矣」。筆者以為這是〈性惡〉中最強的論證，因為其立
論基礎在於社會若處於「無禮義之化，去法正之治，無刑罰之禁」，加之「去
君上之埶」，就會「彊者害弱而奪之，眾者暴寡而譁之」，那社會秩序的紛亂
是可想而知的。而在此段不難看出「禮義之化，法正之治，刑罰之禁」，加以
「立君上之埶以臨之」，都是有外鑠的意味。也和上一段論證中，荀子提到「今
人之性，固無禮義，故彊學而求有之也」，想從「惡」（社會的「偏險悖亂」）
到「善」（社會的「正理平治」）而追求美好的生活，就必須刻意追求禮義的
說法一致。

〈性惡〉的論證六：

故善言古者，必有節於今；善言天者，必有徵於人。凡論者貴其有
辨合，有符驗。故坐而言之，起而可設，張而可施行。今孟子曰：「人
之性善。」無辨合符驗，坐而言之，起而不可設，張而不可施行，
豈不過甚矣哉！故性善則去聖王，息禮義矣。性惡則與聖王，貴禮
義矣。故檃栝之生，為枸木也；繩墨之起，為不直也；立君上，明
禮義，為性惡也。用此觀之，然則人之性惡明矣，其善者偽也。

如前述所言，荀子是一個是純經驗的性格，甚至提出「聞不如見」的看法，
所以他認為任何論說必須有「符驗」，以聖王和禮義的事實存在來證實「性
惡」，此段依舊是以實際觀察做為立論依據，基本上和論證五的內涵相近。

〈性惡〉的論證七：

直木不待檃栝而直者，其性直也。枸木必將待檃栝烝矯然後直者，
以其性不直也。今人之性惡，必將待聖王之治，禮義之化，然後始

〔註33〕王忠林：《新譯荀子讀本》，臺北市：三民書局，1972，頁352。

　　出於治，合於善也。用此觀之，人之性惡明矣，其善者偽也。

這一段的提到的是人須靠外在的「聖王之治，禮義之化」，才能在呈現出「出於治，合於善也」，和論證五和六的意義相近。

　　綜合以上論證內容來看，便可以回答筆者在本章第一節所提出的前兩個問題，那就是「荀子究竟是從什麼地方，用什麼方法主張性惡呢？」，筆者認為可以看得出荀子是在「順情性為惡」、「禮義皆反於性而悖於情也」、「人之欲為善」的反證、「禮義、法正、刑罰、君上之埶」的存在，這幾個觀點上論證「性惡」。用的方法乃是以經驗觀察的方式來符驗，這符合荀子一貫以實際經驗來論證的精神。

　　當然，這些論證會出現一些問題，比方如前述提到有些學者認為在荀子的論說中是「以欲為性」，那麼「順情性為惡」就是指「欲」是惡嗎？荀子在〈正名〉提到：

　　　　有欲無欲，異類也，生死也，非治亂也。欲之多寡，異類也，情之
　　　　數也，非治亂也。……心之所可中理，則欲雖多，奚傷於治？欲不
　　　　及而動過之，心使之也。心之所可失理，則欲雖寡，奚止於亂？

荀子已經明確指出「欲」乃是斷定人「生死」的一個標準，人生時必有欲，人死時必無欲；所以「欲」無關「治」、「亂」。如果「欲」無關「治」、「亂」，那麼就絕對無關「善」、「惡」。所以如果將「性」、「情」、「欲」在概念上視為同質同層的，然後直接把「以欲為性的表現方式」和「惡」直接連接，顯然違背荀子的本意。此段文字已經把「心」的力量和「治」、「亂」的關係點了出來，關於《荀子》一書中的「心」，會留待在第三章繼續深究。

其次，荀子在〈富國〉中也提到：

　　　　人倫並處，同求而異道，同欲而異知，生也。皆有可也，知愚同；
　　　　所可異也，知愚分。

每個人的欲與求，都只能算是行為的起點，就算起點相同，結果也不一定相同。

再者，〈禮論〉中提到：

　　　　故制禮義以分之，以養人之欲，給人之求。使欲必不窮於物，物必
　　　　不屈於欲。兩者相持而長。

這裡說的是要制禮義來分別，和來養人的欲望，供給人的所求。如果，荀子真的以「欲」是惡當做是「性惡」的內容，那「故制禮義以分之，以養人之

欲」就變成養人以「惡」，豈不怪哉？最後，若是荀子把「性惡」解釋爲「順情性發展的欲」爲「惡」，那麼荀子應該會提倡「去人欲」，而非導欲和節欲，所以筆者以爲此一說法是行不通的。

筆者曾在本章第一節中將《荀子》中的「性」定調爲兩層，分別爲「人生理上的官能及其能力」和「官能的欲望」。由這裡來直接解釋「性惡」，就更不合邏輯了。「人生理上的官能及其能力」和「官能的欲望」只能解釋個人的「惡」，若要將其擴大到荀子所提及在社會秩序上的「惡」，那表示「性惡」中的「性」勢必要有「性發展向……」的意味，那麼「性惡」的「性」，有沒有可能其實是一個動詞，而非名詞呢？那我們回到〈性惡〉的論證七來看，文中所言的「其性直也」、「以其性不直也」，將其重新解釋爲「性發展向直」、「性發展向不直」，似乎頗爲呼應「性惡」爲一發展的過程。

我們甚至可以在先秦典籍中找到「性」作爲動詞的用法，比如《孟子》的〈盡心上〉的「君子所性，仁義禮智根於心」和「堯舜，性之也；湯武，身之也；五霸，假之也。久假而不歸，惡知其非有也」的「性」均是動詞。〔註34〕筆者以爲這一說法可當做參考，但是，這不是絕對且唯一可以解釋荀子「性惡」爲一發展過程的說法。

那麼「性惡」究竟該怎麼解釋？筆者以爲應該回到最初的〈正名〉中提到「性者，天之就也；情者，性之質也；欲者，情之應也」來看，筆者已在前述提到，「性」、「情」、「欲」在概念上是同質同層的，也提到「欲」是此三者之中，客觀上最容易觀察的。前述討論「惡」的意義的時候，提到荀子的「惡」可用在解釋社會秩序的「偏險悖亂」。那麼可以說「欲」在外在的社會秩序上呈現的乃是「惡」。綜合以上的討論來看，筆者以爲「性惡」應該解釋爲「性的發展是惡」（想要在客觀上覺察「性」的發展，就是觀察「欲」）。這種說法也可以解釋〈性惡〉所提到的「性僞之分」、「僞」和外在禮義的關係。這個部分將留待第四章繼續討論。

那麼荀子爲什麼要主張「性惡」呢？其目的究竟是什麼呢？荀子在客觀現實上察覺到「欲」的發展往往呈現出「爭奪、殘賊、淫亂」之行爲，所以荀子主張「性惡」的目的之一，可以由以上的論證看出來自他注重外在「重禮」、「重師」、「重法」、「重君上之治」的要求，而荀子的這種要求，乃與其

〔註34〕林耀麒：〈荀子心性論之研究〉，頁92。

時代背景有關。〔註35〕再者荀子主張性惡的目的二，乃是爲了主觀的襯托出內在治性的「心」，這一點其他學者早有討論和闡述。〔註36〕而筆者認爲「性惡」說主觀的襯托出治性的「心」，那就是等同強調「人之所以異於禽獸」的價值。因爲觀看荀子對性的定義，發覺荀子對性的定義確實只停留在生物生命的內容，只有加入「心」的力量才能把其中單純生物生命的內容躍升到人與其它動物的不同。如果說荀子只是要人重視外在「重禮」、「重師」、「重法」、「重君上之治」的要求和襯托出內在治性的「心」的力量，他可以倡導「性」的「不善」即可，無須用「惡」這麼強烈的措詞。用這麼強的措詞雖可以引起注意，但也容易引起誤解，人們容易解讀成「人性本惡」，讓人無法輕易理解其要義。現實中，不會有人想承認自己是「惡」的，因此，荀子的「性惡」說，不論在當時或後代，其爭議與批評均未曾間斷過。所以，筆者以爲荀子主張「性惡」，隱含人所擁有治性的「心」，能轉「惡」爲「善」，此爲其目的三。荀子曾批評孟子的「性善」說，認爲孟子不懂「性」、「僞」之分。姑且不論孟子和荀子對「性」的定義是否相同，所導致難以相比的事實。筆者並不同意有些學者認爲荀子從未看過孟子學說的看法，如徐復觀言：「我根本懷疑荀子不曾看到後來所流行的《孟子》一書。」〔註37〕筆者以爲，荀子主張「性惡」，將其解讀爲荀子爲了針對孟子的「性善」說，而刻意以「性惡」說以其相對，期盼彰顯其學說的獨特性，也是不無可能。

　　若將「性惡」解讀成「性的發展是惡」來看，對荀子的思想就有了更清楚的理解。筆者也發現，其他學者因爲解讀荀子思想時，因爲對「性惡」說的錯誤認知，便導致對荀子學說無法掌握的嚴重後果。就有學者解讀「性惡」爲「人性本惡」，進而說荀子的「凡人之欲爲善者，爲性惡也」論述上，有著邏輯上的錯誤。〔註38〕其實在《荀子》一書中，荀子根本就沒有強調「人性本惡」此一說法。

〔註35〕徐復觀：《中國人性論史・先秦篇》，頁238。

〔註36〕潘小慧：《從解蔽心看荀子的知識論與方法學》，頁18。

〔註37〕徐復觀：《中國人性論史・先秦篇》，頁237。

〔註38〕譚宇權：《荀子學說評論》，臺北市：文津出版社，1994，頁144。

第三章　荀子的心論

第一節　心的概念

在上一章，已經討論了荀子學說中的「性惡」。其中，筆者提出了荀子認為人的「心」，具有轉「惡」為「善」的強大力量。而〈正名〉中所提到的：

> 心之所可中理，則欲雖多，奚傷於治？欲不及而動過之，心使之也。
>
> 心之所可失理，則欲雖寡，奚止於亂？

荀子認為「心」才是「治」、「亂」的關鍵，而「治」、「亂」就是界定「善」、「惡」的關鍵，所以要掌握荀子學說中「惡」與「善」的關係，就必須先了解荀子學說中的「心」。

一、心的意義

（一）「心」的形體義

在《荀子》一書可見「心」與人生理的官能並列的狀況，如〈性惡〉提到：

> 目好色，耳好聽，口好味，心好利，骨體膚理好愉佚，是皆生於人之情性者也。

〈王霸〉中也有類似的用法：

> 人之情，口好味，而臭味莫美焉；耳好聲，而聲樂莫大焉；目好色，而文章致繁，婦女莫眾焉；形體好佚，而安重閒靜莫愉焉；心好利，而穀祿莫厚焉。
>
> 夫人之情，目欲綦色，耳欲綦聲，口欲綦味，鼻欲綦臭，心欲綦佚。此五綦者，人情之所必不免也。

筆者以爲〈王霸〉中提到的「五綦」，可和〈正論〉中也提到的「五綦」的一段文字對照來看：

> 然則亦以人之情爲目不欲綦色，耳不欲綦聲，口不欲綦味，鼻不欲
> 綦臭，形不欲綦佚，此五綦者，亦以人之情爲不欲乎？

由「心欲綦佚」和「形不欲綦佚」相對照，「心」在形體上是有意義的。那就表示「心」是有形體的，而且荀子認爲「心欲綦佚」就等同「形欲綦佚」，是不是意味著「心」對於「形」有主宰能力呢？這個部分將在第二節討論。

既然已經確定「心」在形體上有意義，那麼「心」應該和其它官能一樣，有其能力，我們可以在《荀子》一書中找到它的能力：

> 若夫目好色，耳好聽，口好味，心好利。（〈性惡〉）

> 目好之五色，耳好之五聲，口好之五味，心利之有天下。（〈勸學〉）

> 故人之情，口好味，而臭味莫美焉；耳好聲，而聲樂莫大焉；目好
> 色，而文章致繁，婦女莫眾焉；形體好佚，而安重閒靜莫愉焉；心
> 好利，而穀祿莫厚焉。（〈王霸〉）

其中「心好利，而穀祿莫厚焉」顯示出「心」在形體上若和官能並列，那就和其它官能一樣，就是「好利」。〈修身〉裡也提到它的能力：

> 君子之求利也略，其遠害也早，其避辱也懼，其行道理也勇。

「心」在外在會展現的欲望就是「行道理」與「避辱」，而這兩種狀況是源自於「心」的「求利」和「遠害」。所以，有些人認爲荀子實際上把「心」視爲能獨立作業的一個官能。〔註1〕至此，筆者以爲《荀子》書中的「心」在形體上的意義和其它官能並無不同。

（二）「心」的形上義

上一個部分提到了「心」的形體義。必須思考一點，那就是荀子若是把「心」的意義界定在形體上的官能及其能力上，爲什麼又在〈天論〉中特別把「心」稱爲「天君」，以和其它官能區別呢？〈天論〉中提到：

> 天職既立，天功既成，形具而神生，好惡喜怒哀樂臧焉，夫是之謂
> 天情。耳目鼻口形能各有接而不相能也，夫是之謂天官。心居中虛，
> 以治五官，夫是之謂天君。

〔註1〕殷正淯：〈從新出楚簡〈性自命出〉論荀子人性論〉，輔仁大學哲學研究所碩士論文，2007，頁42。

這還要跟〈解蔽〉中提到一段對照來看，〈解蔽〉中說：

> 心者，形之君也，而神明之主也，出令而無所受令。自禁也，自使
> 也，自奪也，自取也，自行也，自止也。

王先謙註釋「心者，形之君也，而神明之主也，出令而無所受令。」這一段
為「心出令以使百體，不為百體所使也」，表示荀子已明確的提出「心」有跳
脫出形體的意義，而在形體外另有意義，就是能出令使百體。王氏又註釋「自
禁也，自使也，自奪也，自取也，自行也，自止也」說：「此六者，皆由心使
之然，所以為形之君也。」〔註2〕其中梁啟雄注解「神明」是「心中的睿智」。
〔註3〕所以，筆者以為在《荀子》一書中，「心」有跳脫出形體的意義，而另
有其形而上的意義，這裡所指的「形而上」，乃是指一種「理性」，就是純粹
個人的思考或思辨活動，筆者稱這種「理性」為「心」的「形上義」。這和西
方哲學中所說的「理性（神）」（Logos 或 Nous）不同（指的是無質料且為純
形式的世界理性）。〔註4〕而這種「理性」對照〈解蔽〉中所言：

> 故口可劫而使墨云，形可劫而使詘申，心不可劫而使易意，是之則
> 受，非之則辭。故曰：心容，其擇也無禁，必自現，其物也雜博，
> 其情之至也不貳。

王忠林就將「故曰：心容，其擇也無禁，必自現，其物也雜博，其情之至也
不貳」解釋為「所以，心靈狀態，它的抉擇沒有禁限，必然自動表現，心中
所藏的非常雜多，而它的精專之至卻不二心」〔註5〕。這裡點出了「心」的「抉
擇」，與其它官能的不同。

　　筆者以為，「心」在形上義的部分，依照荀子的說法應該是有主動性，否
則不會一直使用「自」（自動）這個字來說明「心」的表現。但是有些學者卻
以荀子重視外在禮義，而認為其理論缺乏內在的動力。如勞思光提到：

> 另就禮義生之一「在上權威」而論，則禮義皆成為外在（荀子在論
> 心與性時，本已視禮義為外在）；所謂價值亦只是權威規範之下之價
> 值矣。〔註6〕

〔註2〕 王先謙：《荀子集解》，頁397～398。

〔註3〕 梁啟雄：《荀子簡譯》，頁296。

〔註4〕 姚厚介：《西方哲學史》，第二卷，《古代希臘與羅馬哲學（下）》，南京：鳳凰
　　　　出版社，江蘇人民出版社，2005，頁761～762。

〔註5〕 王忠林：《新譯荀子讀本》，頁327。

〔註6〕 勞思光：《中國哲學史》，臺北：三民書局，1981，頁266。

確實，荀子重外在的禮義是不爭的事實，那麼就表示人真的沒有內在的自動性嗎？那荀子所言的「自禁也，自使也，自奪也，自取也，自行也，自止也」究竟有沒有自動的意思？這一點，在下面的部分會有解答。

在上一章討論「性惡」的時候，已經說過「性的發展是惡」，也討論過人的「欲」往往是無窮無盡的。欲望無窮盡的後果，會出現許多禍端，如〈正名〉中所提：

> 志輕理而不重物者，無之有也；外重物而不內憂者，無之有也；行離理而不外危者，無之有也；外危而不內恐者，無之有也。心憂恐，則口銜芻豢而不知其味，耳聽鐘鼓而不知其聲，目視黼黻而不知其狀，輕煖平簟而體不知其安。……故欲養其欲而縱其情，欲養其性而危其形，欲養其樂而攻其心，欲養其名而亂其行，如此者，雖封侯稱君，其與夫盜無以異；乘軒戴絻，其與無足無以異。夫是之謂以己為物役矣。

這樣的人，只一直想追求欲望而不知滿足，所以反倒被物質欲望所控制著。所以荀子才會提倡「節欲」和「導欲」，〈正名〉中說：

> 欲雖不可盡，可以近盡也。欲雖不可去，求可節也。所欲雖不可盡，求者猶近盡；欲雖不可去，所求不得，慮者欲節求也。道者、進則近盡，退則節求，天下莫之若也。

羅光解釋這段：

> 按照心理學來說，有欲和無欲是兩個不相同的特性，跟本性相連，不能從有欲而變成無欲。欲多或欲少，也是兩個不同的特性，和本性相連，也不能由從多欲而變成少欲。唯一的辦法，於導欲或節欲，即是由心按照生活之道去導引欲之動或節制欲之動。〔註7〕

依羅光所言，荀子認為人能作自己的主人，關鍵在於心。這一點符合於〈正名〉所說的：

> 心平愉，則色不及傭而可以養目，聲不及傭而可以養耳，疏食菜羹而可以養口，……夫是之謂重己役物。

而事實上，「節欲」和「導欲」是很困難的。「心」的「好利」和「遠害」，跟想要滿足自己的「欲」，糾結在一起的時候，「利」和「害」實在很難劃分。〈正名〉就提到：

〔註7〕羅光：《羅光全書》，六冊，《中國哲學思想史・先秦篇》，頁636。

> 凡人之取也，所欲未嘗粹而來也；其去也，所惡未嘗粹而往也。故
> 人無動而不可以不與權俱。

荀子說的「權」是指「權衡」，這是「心」在外在顯示出的獨特能力，能夠在官能之間的衝突找出平衡點。「心」在這個部分的精細度讓人十分驚異，就像筆者非常喜歡白色，但是卻幾乎不買白色的衣服，因為覺得白色容易髒且易顯舊，這就是一種「權」。

羅光也說：

> 但是欲之動，即人的官能因欲而動時，則受心的管制，心可以導引
> 或制止欲之動。心按著什麼標準去管制欲之動呢？以道為標準。好
> 比權重，應以度量衡為標準。〔註8〕

「權」需要「標準」才能「取捨」，「權」的標準是「道」。那麼《荀子》書中什麼是「道」呢？可以在〈儒效〉中看到：

> 先王之道，人之隆也，比中而行之。曷謂中？曰：禮義是也。

〈彊國〉中也提到：

> 道也者，何也？禮義、辭讓、忠信是也。

荀子提出的重點是「權」需要「標準」，這一個標準就是「道」，而「道」就是「禮義」。〔註9〕筆者想荀子的理論向來是依經驗為主，必然觀察出人人對於「權」的標準不一，這就是荀子重禮義的原因，因為唯有外在的標準才客觀。所以，上述勞思光所言荀子重禮義乃是因為人沒有內在動力的說法，應該是無法成立的。只能說，人的內在動力無法完全客觀，只好制定客觀的禮義來規範。更何況，若把「心」的蔽患也考慮進去，就會知道人光靠內在主動性是不夠的，這個部分，後面會討論。

根據以上的討論可知，「心」到底在不在「性」中？在「形體義」上的「心」來說，答案是肯定的。但是在「形上義」的「心」來說，則是否定的。如唐君毅所說：

> 孟荀之異，在孟子即心言性，而荀子分心與性為二，乃與莊子之別
> 一般之心知於性有相類處。然莊子外篇，以去性而從心，為世之衰，
> 乃尊性而抑，又與荀子為對反。〔註10〕

〔註8〕 同上，頁 368。
〔註9〕 吳振隆：〈荀子人性論思想研究〉，輔仁大學哲學研究所碩士論文，1973，頁 40。
〔註10〕 唐君毅：《唐君毅全集》，卷十三，《中國哲學原論・原性篇》，臺北市：臺灣學生書局，1991，頁 65。

在唐君毅的觀念裡，點出孟荀理論的根本不同在於「心」與「性」關係，而認爲荀子的「心」類似《莊子》中的「心」。唐氏這樣描述《莊子》的「心」：

> 莊子所視爲可與性相違之心知，則初爲一認識上向外尋求逐取，而思慮預謀之心知。〔註11〕

把這一段和〈不苟〉中提到的「權」相比較：

> 欲惡取捨之權：見其可欲也，則必前後慮其可惡也者；見其可利也，
> 則必前後慮其可害也者，而兼權之，孰計之，然後定其欲惡取捨。

在這裡，荀子指出是「權」的過程需要「慮」，再加以唐氏解釋《莊子》中的「心」。筆者以爲，可以說「權」的基礎在「知」，要先能「知」，才能「思慮預謀之心知」。就像前述白色衣服的例子一般，顏色和容易髒都是其它官能能力的經驗累積，能「知」先前的官能所累積的經驗並相互統合，才能「慮」，進而能「權」。「權」是外在能看到的取捨現象，而其中複雜的過程乃是「心」的能力建構而成的，那就是「知」和「慮」，下一個部分會細究其意義。依造《荀子》一書中，將「心」（天君）獨立於天官之外，可見荀子對於「心」的「形上義」極爲重視。

二、心的能力：知、慮

荀子對於人心能「知」、能「慮」，一直將其視爲人所擁有的高貴能力。而事實上，人心因爲其能力而展現的獨特，正是值得珍惜之處。如果說，荀子的性惡說是由人能由「惡」往「善」的理論的起點，那麼荀子所言之「心」，就是一把關鍵的鑰匙，開啓了人與禽獸相別的那道大門。

（一）知

〈解蔽〉中說：「凡以知，人之性也；可以知，物之理也。」又說「心生而有知。」荀子不但認爲知是心的主要能力，而且也界定出「主體」和「客體」的定位。〔註12〕荀子論人的知，常強調與動物求生的基本生存之理不同。如〈王制〉說：

> 水火有氣而無生，草木有生而無知，禽獸有知而無義，人有氣、有生、有知，亦且有義，故最爲天下貴也。

〔註11〕同上，頁56。
〔註12〕范家榮：〈荀子論「心」之學的研究〉，輔仁大學哲學研究所碩士論文，2005，頁66。

〈禮論〉也說：

> 凡生天地之間者，有血氣之屬必有知，有知之屬莫不愛其類。今夫
> 大鳥獸則失亡其群匹，越月踰時，則必反鉛；過故鄉，則必徘徊焉，
> 鳴號焉，躑躅焉，踟躕焉，然後能去之也。小者是燕爵，猶有啁噍
> 之頃焉，然後能去之。故有血氣之屬莫知於人，故人之於其親也，
> 至死無窮。

筆者以爲，荀子並非將人的知完全排除掉求生的基本生存之理，比方說〈正
名〉中提到：

> 然則何緣而以同異？曰：緣天官。……形體、色理以目異；聲音清
> 濁、調竽、奇聲以耳異；甘、苦、鹹、淡、辛、酸、奇味以口異；
> 香、臭、芬、鬱、腥、臊、漏庮、奇臭以鼻異；疾、癢、凔、熱、
> 滑、鈹、輕、重以形體異；說、故、喜、怒、哀、樂、愛、惡、欲
> 以心異。心有徵知。徵知，則緣耳而知聲可也，緣目而知形可也。
> 然而徵知必將待天官之當簿其類，然後可也。五官簿之而不知，心
> 徵知而無說，則人莫不然謂之不知。此所緣而以同異也。

這裡所說的「知」，其實就是有包含人與求生的基本生存之理，所以，楊倞注
曰：「天官，耳目鼻口心體也。」〔註13〕此乃就心的形體義而言。其中，「緣」
可解釋「沿著或靠著」的意思。類似用法在《荀子》一書中可見：

> 凡緣而往埋之，反無哭泣之節。（〈禮論〉）

> 限之以鄧林，緣之以方城。（〈議兵〉）

有些學者，覺得這與〈解蔽〉所言「心者，形之君也，而神明之主也。」有
所衝突。如龍宇純說：

> 楊注曰：「天官，耳目鼻口心體也。」宇純按：注當云天官，耳目鼻
> 口心體也。心爲天君，不再官之列。〔註14〕

筆者以爲這是未將「心」的形體義和形上義分別開來的誤認。只是荀子將人
的知所討論的範圍，著重於討論在「形而上」的部分（例如：義），而非「形
而下」的器物（因爲這個部分乃是人與禽獸無異的）。

　　梁啓雄把「然而徵知必將待天官之當簿其類，然後可也。五官簿之而不
知，心徵知而無說，則人莫不然謂之不知。此所緣而以同異也。」中的「簿」

〔註13〕王先謙：《荀子集解》，頁415。
〔註14〕龍宇純：《荀子論集》，臺北：學生書局，1987，頁218。

注為：「薄、當讀為易說卦：『雷風相薄』之『薄』。薄、接觸也。」〔註15〕梁啟雄會這麼解釋，可能是因為「薄」字在《荀子》書中出現次數較多。若將「薄」當動詞用，〈天論〉言：「故水旱未至而飢，寒暑未薄而疾，祅怪未至而凶」的「薄」也只是「接近」的意思。而楊倞則注：「薄，簿書也。當簿，謂如各主當其簿書，不雜亂也。」〔註16〕筆者以為楊倞所注較符合荀子原義，如果依梁氏所言，只是以「接觸」來言人之知，那麼只停留在生物階段的知。但是，以「簿書」言，則有記錄下所有官能的感應，以作為日後判斷基礎之義，和荀子所言「天君」和「天官」的關係，是較為符合的。

至於「五官簿之而不知，心徵知而無說，則人莫不然謂之不知」中的「徵知」，筆者以為乃是《荀子》一書中對「知」最重要的一段論述。但是對於「徵」字，各家說法不盡相同，如胡適認為：

> 徵，本意有證明之意。〔註17〕

楊倞注曰：

> 徵，招也。言心能招萬物而知之。〔註18〕

陳大齊則採折衷看法：

> 把徵字解作證明，固無不可。……在文義上，不若舊說釋為召字之順當。……釋徵為招，足以闡發欲知與不欲知之權完全操之於心，此與荀子『心者，形之君也，而神明之主也，出令而無所受令』的主張正相符合。〔註19〕

這些爭議雖然無損荀子學說的主要精神。但是依造《荀子》中的「徵」字，大多都是以「徵兆」或「徵據」的意思使用，如〈性惡〉就有兩處：

> 是性偽之所生，其不同之徵也。

> 故善言古者，必有節於今；善言天者，必有徵於人。凡論者貴其有辨合，有符驗。

所以這裡的「徵知」，若以胡適所言的「證明」之意，則能表現出人的知乃是「有辨合，有符驗」，也就是具有客觀的正確性。再者，後文中「心徵知而無說」的「說」這裡當做「辨說」。因為在〈正名〉中運用「辨說」一詞的次數

〔註15〕梁啟雄：《荀子簡譯》，頁 313。
〔註16〕王先謙：《荀子集解》，頁 417～418。
〔註17〕胡適：《中國哲學史大綱》（外一種），河北：河北教育出版社，2002，頁 245。
〔註18〕王先謙：《荀子集解》，頁 417。
〔註19〕陳大齊：《荀子學說》，臺北：中國文化大學，1989，頁 47～48。

頗多，也可以找到「辨說」和心的關係：

> 辨說也者，心之象道也。心也者，道之工宰也。道也者，治之經理
> 也。心合於道，說合於心，辭合於說。

筆者以爲荀子應該還是以強調有客觀性的符驗才能去「說」，沒有「說」，那麼人就不算眞的「知」。所以胡適的說法，將「徵」解釋爲「證明」，能使前後文義更具完整性。

　　簡單的說，《荀子》所言的人的「心」有「知」，而「知」是以其官能爲基礎來認識外物，人可以把其官能經驗記錄下來，然後以客觀的證據來「徵知」，還要用「說」來做概念的澄清或界定。所以，荀子所言的「心知」確實是人的獨到之處，不與一般生物的「知」相提並論。

（二）慮

荀子在〈正名〉提到：

> 生之所以然者謂之性；性之和所生，精合感應，不事而自然謂之性。
> 性之好、惡、喜、怒、哀、樂謂之情。情然而心爲之擇謂之慮。心
> 慮而能爲之動謂之僞；慮積焉，能習焉，而後成謂之僞。

其中提到「情然而心爲之擇謂之慮」，「情然」指的是官能受到外物而產生的好惡反應，而人的「心」針對「情然」做出「選擇」（取或捨）的過程，就是「慮」。其中「心慮而能爲之動謂之僞；慮積焉，能習焉，而後成謂之僞」，這一句也點出了「慮」是「性」到「僞」的橋樑。

〈大略〉中也說：

> 今夫亡箴者，終日求之而不得；其得之也，非目益明也，眸而見之
> 也。心之於慮亦然。

這兩段都指出「心」乃是發動「慮」的關鍵。而「慮」最關鍵處是在「心好利」時，能避免傷害。如〈不苟〉中提到：

> 則必前後慮其可惡也者；見其可利也，則必前後慮其可害也者，而
> 兼權之，孰計之，然後定其欲惡取舍。如是則常不失陷矣。凡人之
> 患，偏傷之也。見其可欲也，則不慮其可惡也者；見其可利也，則
> 不慮其可害也者。是以動則必陷，爲則必辱，是偏傷之患也。

那運用「慮」所得出的結果，就是「禮義」。所以〈性惡〉中說：

> 性不知禮義，故思慮而求知之也。

〈禮論〉中也說：

> 禮之中焉能思索，謂之能慮。

筆者以爲荀子的「心」，所發動的「慮」，乃是以思索出「禮義」爲最終的目的。

（三）知與慮

《荀子》一書中，「知」、「慮」有同時出現的現象，如〈富國〉提到：

> 故其知慮足以治之。

〈儒效〉中亦有：

> 其知慮多當矣。

顯見「知」、「慮」乃是在「心」中交錯運用。上文中提到荀子並未完全排除以人的官能與外界接觸的「知」，只是對其討論甚少。因爲此只針對形體義的「心」，相對於「好利」的能力來說，才有意義。但是，此「知」乃是對形而下的器物有基礎的認知，然後人在「心好利」時，才能運用「慮」，避免傷害。筆者認爲「慮」的經驗過程與結果，又形成新的「知」，而且這個知乃是有徵驗的知，能夠用客觀的「說」來辨證其正確性。有驗證的「心知」，再經由「慮」，又可以再產生出新的「知」。

如此反覆的「知」、「慮」交疊，人的「心」竟能跳脫一般生物那種「形而下」的「知」；也就是由「性」（官能）所得的知，昇華到「形而上」的「知」（例如：禮義）。這正是荀子想凸顯其乃是人的「心」最獨特珍貴之處，其細膩複雜的程度之深，實非一般生物所能比擬。許多學者對於荀子學說中「心」究竟在不在「性」中著墨頗多。如張岱年所言：「以心之好利爲性而不以心之能知能慮爲性，此因心好利是『感而自然』的，而心之能知能慮，則是『可以知之質，可以能之具』，依荀子之界說，非在性中。」〔註20〕此一議題也許在其字義運用上有其探究的必要，但是在荀子論「心」的實質上則無此必要。筆者以爲，在荀子的學說中，「心」的價值，就建立在其能「知」、能「慮」。

第二節　心是人的主宰力量：天君

在中國哲學當中，「天」的思想一直是與人分不開的，「天人合一」更是中國哲學中一個特異的學說。〔註21〕那麼荀子又是怎麼看天和人的關係呢？

〔註20〕張岱年：《中國哲學大綱》，臺北：藍燈文化事業股份有限公司，1992，頁 294。
〔註21〕同上，頁 233。

上一節，筆者已經討論過人的「心」有能力從「形而下」的「知」提升到「形而上」的「知」，並且具有主動性。那麼這個獨特的能力是來自天嗎？這個主動性也是來自天嗎？筆者將從「天」的意義開始，探究在荀子的學說中，「天」與「心」的關係。

一、天的概念

（一）荀子之前的天概念

　　郭沫若曾引用《卜辭通纂》中的「帝（唯）癸其雨」、「今二月帝不令雨」等語句，商代卜問的對象是帝，說明殷商時，人的至上神是帝。〔註22〕這裡可看出商人對於自然界變化的原因，賦予「帝」這個至上神的形象。馮達文指出，商人和周人對於至上神的理解所使用的兩種不同語法，一為「帝令（某）」，一為「天為（某）令（某）」。〔註23〕而從歷史上來看，周人取代了商的政權，兩族接觸後，使得單一氏族所崇拜的神靈，轉化成為兩氏族共同的至上神。〔註24〕在這一時期，帝與天的使用仍是交錯的，慢慢的，帝的使用漸漸減少，而天則替代其成為至上神的概念。〔註25〕若再從字形來看「天」，王國維說：「古文天字本象人形……本謂人顛頂，故象人形……所以獨墳其首者，正特其所象之處也。」〔註26〕《說文》中提到：「天，顛也；至高無上，從一大。」所以天不僅為在人顛頂的原始意義，其宗教意義成為天的重要性質，也就是具有意志的呈現。〔註27〕所以，就歷史與文字演變來看，「天」在商周時期已經具有至高無上的意志神的意義。

　　到了春秋時代，孔子又是怎麼看天的呢？筆者先從《論語》中找關於天的論述：

　　　　不然，獲罪於天，無所禱也。〈八佾〉

〔註22〕郭沫若：《郭沫若全集・歷史編》，《先秦天道觀之進展》，北京市：人民出版社，1982，頁317～330。

〔註23〕馮達文：《早期中國哲學略論》，湛江市：廣東人民出版社，1998，頁3～48。

〔註24〕李杜：《中西哲學思想中的天道與上帝》，臺北市：聯經出版社，1978，頁10～15。

〔註25〕傅佩榮：《儒道天論發微》，臺北市：臺灣學生書局，1985，頁10。

〔註26〕王國維：《觀堂集林》，臺北市：河洛圖書出版社，1975，頁451～480。

〔註27〕戴立仁：〈荀子「天」論思想研究〉，輔仁大學哲學研究所碩士論文，2001，頁29。

　　二三子，何患於喪乎？天下之無道也久矣，天將以夫子爲木鐸。〈八
　　佾〉

　　天之將喪斯文也，後死者不得與於斯文也；天之未喪斯文也，匡人
　　其如予何？〈子罕〉

　　天何言哉？四時行焉，百物生焉，天何言哉？〈陽貨〉

就孔子所言的天的意義之一乃是有主宰義的意志天，孔子對其態度的恭敬也
可以在《論語》中找到：

　　君子有三畏：畏天命，畏大人，畏聖人之言。小人不知天命而不畏
　　也，狎大人，侮聖人之言。〈季氏〉

這個主宰義的天，基本上和商周時期的說法相似。其中「天何言哉？四時行
焉，百物生焉，天何言哉？」似乎也有隱含著自然天的意涵，因爲這裡有指
出天的運行流轉。〔註 28〕但是，筆者以爲孔子使用「天何言哉」的語法，應
該還是以有主宰義的意志天的意味居多。而孔子所提到的天還有第二個意
義，那就是義理性的天。這個義理性的天指出了社會的秩序能不能維持，是
天下有道與無道的差別。在《論語》中亦有描述：

　　天下有道，則禮樂征伐自天子出；天下無道，則禮樂征伐自諸侯出。
　　〈季氏〉

　　道之將行也與？命也。道之將廢也與？命也。〈憲問〉

對照《論語》中提到「五十而知天命」（〈爲政〉），還有「天生德於予，桓魋
其如予何？」（〈述而〉）來看。孔子的天，乃會下降天命於個人，具有主宰和
義理的雙重意義，與商周時期已有不同的內涵，這是孔子對於周禮衰微時，
對天做了突破性的詮釋。

　　孟子對於天的主宰性是很強調的，《孟子》一書中可見許多：

　　順天者存，逆天者亡。〈離婁上〉

　　莫之爲而爲者，天也；莫之致而至者，命也。〈萬章上〉

　　君子創業垂統，爲可繼也。若夫成功，則天也。〈梁惠王下〉

孟子認爲天和人的「命」是關係密切，所以提出了「人道」乃源自於「天道」，
這種聯繫具有道德意義，也有將天視爲義理天的涵義在。在《孟子·離婁上》

〔註 28〕劉文郎：〈荀子人性論之學理基礎研究〉，輔仁大學哲學研究所博士論文，
　　　　1993，頁 65。

可見：

> 誠身有道：不明乎善，不誠其身矣。是故誠者，天之道也；思誠者，
> 人之道也。

這個部分要和《孟子‧盡心上》一文對照來看：

> 盡其心者，知其性也。知其性，則知天矣。

張岱年解釋這爲天人相通的最初倡導，他說：「性在於心，盡其心則能知性；人之性乃受於天者，實亦即天之本質，故知性則亦知天。天性一貫，性不外心。」〔註29〕筆者以爲孟子雖和孔子一樣都將天的意義賦與主宰天與義理天，〔註30〕但是孟子強調人的心性與天相通，這一點則是孔子所沒有的。孟子這種天人相通的說法，到了宋代可謂大成。〔註31〕

（二）荀子言天

《荀子》一書中，仍然出現承襲殷周以來的意志的至上天的用法，也就是「帝」這個字。如〈修身〉中提到：

> 不識不知，順帝之則。

〈正論〉中也提到：

> 居如大神，動如天帝。

〈富國〉中亦有：

> 故仁人在上，百姓貴之如帝，親之如父母。

但是，《荀子》使用「帝」的約有 21 次，其意義也大多是以帝王爲主，〔註32〕只有少數具有至上神的意義。而《荀子》書中亦有直接談論主宰天的用法，如〈榮辱〉提到：

> 夫天生蒸民，有所以取之。

〈禮論〉中亦有提到：

> 郊者，並百王於上天而祭祀之也。

所以，依《荀子》所言的天，也看得出荀子思想中仍有承襲傳統（主宰天）的痕跡。《荀子》所言的天，還有義理天（天德）的用法，如〈不苟〉：

〔註29〕張岱年：《中國哲學大綱》，頁233。
〔註30〕馮友蘭指出天有五種意涵，即「物質天」、「主宰天」、「義理天」、「運命天」、「自然天」。見馮友蘭：《中國哲學史》，北京：中華書局，1992，頁55。
〔註31〕張岱年：《中國哲學大綱》，頁233。
〔註32〕陳殿爵等：《荀子逐字索引》，香港：商務書局，1996，頁784。

> 君子養心莫善於誠，致誠則無它事矣。惟仁之爲守，惟義之爲行。
> 誠心守仁則形，形則神，神則能化矣。誠心行義則理，理則明，明
> 則能變矣。變化代興，謂之天德。

還有〈王制〉：

> 故姦言，姦說，姦事，姦能，遁逃反側之民，職而教之，須而待之，
> 勉之以慶賞，懲之以刑罰。安職則畜，不安職則棄。五疾，上收而
> 養之，材而事之，官施而衣食之，兼覆無遺。才行反時者死無赦。
> 夫是之謂天德，是王者之政也。

其天德一說乃是延續孔孟視天具道德義的觀念。〔註33〕

但是，主宰天和義理天並非是《荀子》對天的最主要詮釋，荀子對天的
看法，主要收錄在〈天論〉，其開頭點出對自然天的詮釋：

> 天行有常，不爲堯存，不爲桀亡。應之以治則吉，應之以亂則凶。

這裡已經說明了天有普遍的且恆常的自然規則，而且加上「不爲堯存，不爲
桀亡」這一句，更是否定了「天」，從先秦以來一直被認爲有主宰人命運的能
力。不過「應之以治則吉，應之以亂則凶」則有人應該順應天的自然規則的
意義，這和孔子對天的恭敬態度是一致的。接著在〈天論〉內也提到大自然
的變化：

> 列星隨旋，日月遞照，四時代御，陰陽大化，風雨博施，萬物各得
> 其和以生，各得其養以成，不見其事，而見其功，夫是之謂神。

這種客觀性的觀察，乃是荀子對天具有運行規則的論據，也就是「天行有常」
的實質呈現。其中的「神」，當指神妙無比，指的是天道運行的異奇。〔註34〕
而對於較於少見的天之變化，荀子認爲不需要畏懼，此言論可在〈天論〉中
找到：

> 星隊木鳴，國人皆恐。曰：是何也？曰：無何也！是天地之變，陰
> 陽之化，物之罕至者也。怪之，可也；而畏之，非也。夫日月之有
> 蝕，風雨之不時，怪星之黨見，是無世而不常有之。

可見，荀子對於天是採用客觀的方式看待之，對於怪異的星象或日蝕、月蝕，
都當作自然現象。

〔註33〕 張勻翔：〈本於立人道之荀子「不求知天」與「知天」觀之智德內涵〉《哲學
與文化（月刊）》第 34 卷，第 12 期，（403），2007 年 12 月，頁 81（69～86）。

〔註34〕 魏元珪：〈孟荀道德哲學之比較研究〉，輔仁大學哲學研究所博士論文，1980，
頁 225。

正因爲這樣的看法，荀子提出那些祭祀儀式，都只是文飾的方法。所以〈天論〉中有這一段：

> 雩而雨，何也？曰：無何也，猶不雩而雨也。日月食而救之，天旱而雩，卜筮然後決大事，非以爲得求也，以文之也。故君子以爲文，而百姓以爲神。以爲文則吉，以爲神則凶也。

對照〈禮論〉的「其在君子以爲人道也，其在百姓以爲鬼事也」，荀子似乎對於人過於強調天的神性感到不以爲然，認爲這種宗教的迷信是極爲凶險的。荀子對於天的認識，指的應該在順應天的自然規律之內，思考何者是當爲與不當爲，所以我們可以看到〈天論〉的這兩段：

> 所志於天者，已其見象之可以期者矣；所志於地者，已其見宜之可以息者矣；所志於四時者，已其見數之可以事者矣；所志於陰陽者，已其見和之可以治者矣。

> 聖人清其天君，正其天官，備其天養，順其天政，養其天情，以全其天功。如是，則知其所爲，知其所不爲矣；則天地官而萬物役矣。其行曲治，其養曲適，其生不傷，夫是之謂知天。

相對於〈天論〉中還有兩段：

> 不爲而成，不求而得，夫是之謂天職。如是者，雖深、其人不加慮焉；雖大、不加能焉；雖精、不加察焉，夫是之謂不與天爭職。

> 皆知其所以成，莫知其無形，夫是之謂天功。唯聖人爲不求知天。

則提出超出自然規則的順應部份，人就不求知天，也不該於天爭職，所以〈天論〉中的「制天命而用之」，只是提醒人們應清楚天人的職分，與「人定勝天」和「征服自然」無關。〔註35〕嚴靈峰認爲應將「唯聖人爲不求知天」校改爲「唯聖人不爲、不求、知天」或「唯聖人爲不求之天」。〔註36〕顯然是不明白荀子的原意，也難怪就有學者批評他的考據幾近荒誕。〔註37〕筆者以爲荀子在「知天」、「不求知天」的界定是很明確的，而嚴靈峰的做法，並非是他在注《荀子》，而是在用《荀子》注他的詮釋，此說法實不可取。

〔註35〕曾振宇：〈荀子「天」論百年誤讀與反撥〉《哲學與文化（月刊）》第 34 卷，第 10 期，（401），2007 年 10 月，頁 76（65～84）。

〔註36〕嚴靈峰：《無求備齋學術新著》，臺北市：臺灣商務印書館，1987，頁 272。

〔註37〕韋政通：《荀子與古代哲學》，臺北市：臺灣商務印書館，1992，頁 54。

二、荀子所言的天人關係

（一）天生人成

荀子並不否認人與天是有密切的關係，其〈天論〉中提到：

> 形具而神生，好惡喜怒哀樂臧焉，夫是之謂天情。耳目鼻口形能各
> 有接而不相能也，夫是之謂天官。心居中虛，以治五官，夫是之謂
> 天君。

說明了人的形體乃是天生成的，天情、天官、天君就是人的「情」、「性」和「心」。這和孟子所言「形色，天性也」《孟子・盡心上》其實是意義相近的。所以荀子所言的天人關係應是指「天生人成」。〈天論〉指出人先有形體，再有精神意識，意識中有人的感情，再由「天君」去統合人的官能。荀子在〈正名〉中說：

> 心有徵知。徵知，則緣耳而知聲可也，緣目而知形可也。然而徵知
> 必將待天官之當簿其類，然後可也。

對照〈君道〉反過來以心與官能來形容君臣關係：

> 故天子不視而見，不聽而聰，不慮而知，不動而功，塊然獨坐而天
> 下從之如一體，如四肢之從心：夫是之謂大形。

顯示出心沿著五官的能力，就算沒有其能力，也能獲得相關的「知」（不慮而知的知，筆者以為當指是以其官能為基礎來認識外物的知）。而〈解蔽〉中提到：

> 心者，形之君也，而神明之主也。

「心」乃是形與神明（理性）的主宰，也符合筆者認為「心」確實具有形體義與形上義的雙重身份。

另一方面，荀子還認為應該積極的運用自然界所具有的規律和法則來造福人類。〔註38〕荀子也許只是不希望人總是心繫著天的能力，而忽略本身所應該做的努力。所以也可以看做荀子在實質強調自然環境與人類文化的天人關係，乃是人主動去適應自然並利用環境的調和關係。〔註39〕所以荀子的〈天

〔註38〕 梁濤：〈先秦儒家天人辯證觀──從郭店竹簡談起〉，《哲學與文化（月刊）》第33卷，第1期，（380），2006年1月，頁133（123～142）。

〔註39〕 蔡錦昌：〈柔細的「一」與粗硬的「一」──評德國漢學界的兩種荀子研究〉，《漢學研究》第25卷，第2期，（總號第51號），2007年12月，頁358（347～364）。

論〉把天和人的關係定調爲天是大自然，而人就是大自然的一部份。如金岳霖就認爲人無法置身於大自然所產生的問題之外，〔註40〕所以人破壞了自然，能解決問題的也只有人自己。〔註41〕以現在的眼光來看，荀子的天人關係是有科學根據的。

（二）天人有別

荀子和孟子不同的是，荀子雖認爲人的形體是天所生的，卻大力強調天人的分別，〈天論〉中說：

> 彊本而節用，則天不能貧；養備而動時，則天不能病；脩道而不貳，則天不能禍。……本荒而用侈，則天不能使之富；養略而動罕，則天不能使之全；倍道而妄行，則天不能使之吉。……受時與治世同，而殃禍與治世異，不可以怨天，其道然也。故明於天人之分，則可謂至人矣。

依據這一段，可知荀子認爲社會治亂的關鍵在人，而不是在天。所以他在〈天論〉中又提到：

> 治亂，天邪？曰：日月星辰瑞厤，是禹桀之所同也，禹以治，桀以亂；治亂非天也。

> 時邪？曰：繁啓蕃長於春夏，畜積收藏於秋冬，是禹桀之所同也，禹以治，桀以亂；治亂非時也。

> 地邪？曰：得地則生，失地則死，是又禹桀之所同也，禹以治，桀以亂；治亂非地也。

> 天有其時，地有其財，人有其治。

〔註40〕 金岳霖說：「主體自然的主宰幾乎到達了這樣的程度，即客體自然幾乎正在消失，知識的力量、工業的力量和社會組織的力量更是讓人不寒而慄。……在過去，文明可能由於冰河，由於洪水，由於地震或滑坡，……而遭到破壞。但是在最近的將來，……如果它們被毀滅的話，那麼很有可能這樣的破壞者就是人類自身。……我們是不能夠把我們自己的問題外在化的，因爲我們本身就是這些問題中的一部分。」見金岳霖：〈道、自然與人〉，《道、自然與人——金岳霖英文論著全譯》，北京：三聯書局，2005，頁149。

〔註41〕 王中江說：「既然問題的根源在於人類本身，解決問題的根本也在於人類自己。」見王中江：〈人類如何善待「自然」——金岳霖哲學中的「天人之際」與「天人合一」關懷〉，《哲學與文化（月刊）》第38卷，第5期，（444），2011年5月，頁39（27～52）。

　　荀子此一說法是想切斷自然變化與社會治亂的關係，並非切斷天與人的關係。就像牟宗三說「儒家並不以現實有限的人為本，而隔絕了天」。〔註42〕所以，荀子是提倡天人有別的，也開創出中國哲學中論「天」的另一條道路。

　　後代有沒有學者是繼承荀子這種天人有別的想法呢？其實唐代的劉禹錫也有類似的說法，他提出的是「天人相勝」。他認為天的功能是生成萬物；人的功能是建立制度。還進一步提出在自然界是有力的占先，這是天理；在人類社會則是有德者居先，這是人理。劉禹錫區別了「天理」和「人理」，分別為自然規律與社會制度，張岱年覺得此思想在中國哲學上獨放異彩。〔註43〕對照荀子在〈天論〉所提的「天人之分」來看，劉禹錫的學說實為更精細，雖不能說一定受了荀子的直接影響，但是筆者以為任何一個偉大的哲學思想形成必有前人的痕跡。《荀子》一書從先秦一直到了唐代才有楊倞為其注，顯示在唐代，確實有人已經開始注意荀子的思想。再者，天人相通的觀念大成於宋代，〔註44〕不只可以解釋劉氏思想對其後學說的影響不大，也可以解釋《荀子》一書直到清代才又被重視的原因。劉禹錫的說法確實在中國哲學上有極為深刻的意義，但是其並非獨放異彩。不過筆者認同張岱年的看法，對於其學說沒有顯著的影響，一樣覺得十分可惜。

　　從荀子把心稱為「天君」來看，本義就是「人中有天」。欲落實人道，就必須先體認天與人的常道。〔註45〕要達到與「天」的調和，依靠的也必須是「天君」，只有天君的「知」、「慮」才能思索出其關係。所以「天」與「天君」的關係是非常密切的，荀子〈天論〉中對於自然天的詮釋，想要切斷的是天和禮義的關係，〔註46〕建立人應該為自身社會治亂負責任的立論基礎。其所提倡的「天人有別」，筆者以為是想強調心，也就是天君對行禮義的主宰性。

〔註42〕牟宗三：《中國哲學的特質》，臺北市：臺灣學生書局，1984，頁20。
〔註43〕張岱年：《中國哲學大綱》，頁238～240。
〔註44〕同上，頁233。
〔註45〕張匀翔：〈本於立人道之荀子「不求知天」與「知天」觀之智德內涵〉，頁78。
〔註46〕杜保瑞說：「荀子之天既然不與人發生任何的感性關係，……於是天的意義便只能出現自然的常道特徵而已，……正好破除人類的一切迷信。但是也就因此，天與禮義的關係也斷絕了。」見杜保瑞：〈荀子的性論與天論〉，《哲學與文化（月刊）》第34卷，第10期，(401)，2007年10月，頁60（45～64）。

第三節　以心解蔽、以心除惑

上一節已經細論了荀子要提倡天人相別的原因，就是強調「心」對人行禮義的主宰性。心的能力雖然強大，但是能保證其一定往好的方向走嗎？這個也是荀子想要解決的問題。所以〈修身〉中提到：

> 志意修則驕富貴，道義重則輕王公；內省而外物輕矣。傳曰：「君子役物，小人役於物。」此之謂矣。

這裡的「志意」，也就是「意志」。〔註47〕荀子以為人要透過修鍊「志意」的過程才能節制人之情欲，不為外物所動，當處利害時能堅定當所選擇者。〔註48〕所以荀子說對於君子小人應該論心，〈非相〉中說：

> 故相形不如論心，論心不如擇術；形不勝心，心不勝術；術正而心順之，則形相雖惡而心術善，無害為君子也。形相雖善而心術惡，無害為小人也。

所以荀子以為要確保「心術善」，就是要心的能力，「知」、「慮」的意志能向善，才能成為君子。荀子在〈正名〉中提到「心也者，道之工宰也。道也者，治之經理也。」這裡的「道」指道術，乃是心知活動的標準。〔註49〕

一、蔽患的原因

荀子認為人的認知是緣於官能的，但是若沒有心的徵知，則不能構成認知的要件，所以他在〈正名〉中提到：

> 形體、色理以目異；聲音清濁、調竽、奇聲以耳異；甘、苦、鹹、淡、辛、酸、奇味以口異；香、臭、芬、鬱、腥、臊、漏庮、奇臭以鼻異；疾、癢、凔、熱、滑、鈹、輕、重以形體異；說、故、喜、怒、哀、樂、愛、惡、欲以心異。心有徵知。徵知，則緣耳而知聲可也，緣目而知形可也。然而徵知必將待天官之當簿其類，然後可也。五官簿之而不知，心徵知而無說，則人莫不然謂之不知。

從筆者上文中提到可以看出荀子的知分為「官能之知」與「理性之知」。其中「官能之知」是以官能對於形而下的外物，所形成的個體概念；「理性之知」則是可以對於各種概念，透過綜合整理、反省和推理，進而再形成形而上的

〔註47〕楊承彬：《孔、孟、荀的道德思想》，臺北市：臺灣商務印書館，1992，頁81。
〔註48〕張勻翔：《攝王與禮、攝禮於德——荀子之智德及倫理社會架構之意涵》，臺北縣永和市：花木蘭文化出版社，2010，頁51。
〔註49〕李滌生：《荀子集釋》，臺北市：臺灣學生書局，2000，頁74。

普遍共相。這也就是筆者認爲心的知可以由形而下超越到形而上的特殊之
處。但是，人的能力並非無限的，無法周知所有的道理，所以應該量力而爲，
所以荀子在〈解蔽〉中說：

> 以可以知人之性，求可以知物之理，而無所疑止之，則沒世窮年不
> 能無也。其所以貫理焉雖億萬，已不足浹萬物之變，與愚者若一。

事實上，荀子不只認爲人的認知能力有限，也認爲人的認知會有錯誤。所以
〈解蔽〉中提到：

> 凡人之患，蔽於一曲，而闇於大理。治則復經，兩疑則惑矣。天下
> 無二道，聖人無兩心。今諸侯異政，百家異說，則必或是或非，或
> 治或亂。亂國之君，亂家之人，此其誠心，莫不求正而以自爲也。
> 妒繆於道，而人誘其所迨也。私其所積，唯恐聞其惡也。倚其所私，
> 以觀異術，唯恐聞其美也。是以與治雖走，而是己不輟也。豈不蔽
> 於一曲，而失正求也哉！心不使焉，則白黑在前而目不見，雷鼓在
> 側而耳不聞，況於使者乎？德道之人，亂國之君非之上，亂家之人
> 非之下，豈不哀哉！

其中的「蔽」指的是，妨礙人眞確認知的東西，也就是導致認知錯誤的原因。
〔註50〕這一段引文中的「蔽於一曲」指只看到局部，而忽略了整體考量；「此
其誠心，莫不求正以自爲也」則點出人犯錯而不自知，就是犯了自以爲是
的毛病；「心不使焉」則是最嚴重的，因爲人的認知最基本的就是要「用心」。

那麼荀子也列舉了「蔽」的種類，在〈解蔽〉中可以找到：

> 故爲蔽：欲爲蔽，惡爲蔽，始爲蔽，終爲蔽，遠爲蔽，近爲蔽，博
> 爲蔽，淺爲蔽，古爲蔽，今爲蔽。凡萬物異則莫不相爲蔽，此心術
> 之公患也。

這些「蔽」乃是「心術之公患」，對照「凡人之患，蔽於一曲」來看，荀子認
爲認知錯誤的原因最根本仍在人只看到其中的一面，而不見另一面，這就是
「曲知」。「曲知之人」是無法確知「道」的全體。他在〈解蔽〉中說明得很
清楚：

> 曲知之人，觀於道之一隅，而未之能識也。故以爲足而飾之，內以
> 自亂，外以惑人，上以蔽下，下以蔽上，此蔽塞之禍也。

然則致蔽的原因到底有哪些？大約可以分爲下面三類。

〔註50〕 潘小慧：《從解蔽心看荀子的知識論與方法學》，頁36。

（一）外在因素

可以在〈解蔽〉中找到這幾種情況：

> 冥冥而行者，見寢石以爲伏虎也，見植林以爲後人也：冥冥蔽其明也。
>
> 厭目而視者，視一爲兩；掩耳而聽者，聽漠漠而以爲哅哅：埶亂其官也。
>
> 故從山上望牛者若羊，而求羊者不下牽也：遠蔽其大也。
>
> 從山下望木者，十仞之木若箸，而求箸者不上折也：高蔽其長也。
>
> 水動而景搖，人不以定美惡：水埶玄也。

這一類都是屬於「心」對官能所提供資訊上出現認知的蔽患，可能是客觀的不明確（光線、距離、角度、情勢）所導致，或是官能本身能力乃是有限制的（無法看清晃動的景色），這一部份頗容易理解。

（二）內在因素

荀子在討論認知出現蔽患時，對自己的內在因素極爲重視。而這個內在因素中，又以「心」部分最爲重要，一樣可以在〈解蔽〉中找到：

> 醉者越百步之溝，以爲蹞步之澮也；俯而出城門，以爲小之閨也：酒亂其神也。
>
> 瞽者仰視而不見星，人不以定有無：用精惑也。有人焉以此時定物，則世之愚者也。
>
> 愚而善畏。明月而宵行，俯見其影，以爲伏鬼也；仰視其髮，以爲立魅也。以所已藏害所將受……以夢劇亂知。

喝醉的人、愚而善畏的人指出的是人自己狀態或性格的問題。那麼以盲人有沒有看到星星來當作是實際上有沒有星星的標準，這種人對「知」的理解有很嚴重的繆誤。最後的「不以所已藏害所將受」則點出了人對於之前經驗所獲得的知，有時候會妨礙將要接受的新知。郝懿行說「『臧』，古『藏』字」，[註51] 依造郝懿行的說法，「臧」可以當作之前的認知經驗有錯誤，也可能是指對於事情還未通盤了解前的「成見」。而「夢劇亂知」中的「夢」指想像，「劇」指囂煩；[註52] 也就是說想像囂煩會擾亂知。

〔註51〕 王先謙：《荀子集解》，頁396。

〔註52〕 同上。

（三）「名」的因素

這個部分並不是放在〈解蔽〉中，而是在〈正名〉中找到的：

> 後王之成名：刑名從商，爵名從周，文名從禮，散名之加於萬物者，
> 則從諸夏之成俗曲期，遠方異俗之鄉，則因之而爲通。

荀子一開頭就提到「名」的制定有一定的規範。也提到遠方異俗之民以諸夏
之成名標準，委曲相期爲名，則可因之以相通。〔註 53〕那麼就顯示出「名」
的定義若沒有一致性，是沒有辦法相通或溝通的。如果要細究定義的標準究
竟熟是熟非，其實是很難有個標準答案，但是，對於「名」的定義標準不一
致，會導致認知不清是事實。荀子把這個部分稱爲「三惑」，依序列在下面：

> 「見侮不辱」，「聖人不愛己」，「殺盜非殺人也」，此惑於用名以亂名
> 者也。

> 「山淵平」，「情欲寡」，「芻豢不加甘，大鐘不加樂」，此惑於用實以
> 亂名者也。

> 「非而謁楹」，「有牛馬非馬也」，此惑於用名以亂實者也。

這三惑分別爲「用名以亂名」、「用實以亂名」、「用名以亂實」，都是建立在「名」
的定義標準不明確，或者是「名」在使用上的字義問題。內容細究的部分會
在下面說明。「名」是代表語言和文字的，而語言和文字記錄的正是人的思想。
而人的思想的特色在於人擁有的抽象能力，能形成概念、判斷和推理。〔註 54〕
荀子列出「三惑」顯示出荀子當時代各家的思想蓬勃發展，亟需「名」來表
達思想。

綜合以上三種因素，荀子認爲人會有蔽患的原因還是來自「心」。就如同
汪斯丹博根（Fernand Van Steenberghen, 1904～1993）所說：「而錯誤的真正原
因則在主體本身內。」〔註 55〕

二、以心解蔽

（一）蔽之禍與不蔽之福

荀子以君王和臣子爲例，指出其個人的蔽與不蔽，會影響到社會國家的

〔註 53〕 熊公哲：《荀子今註今譯》，臺北市：臺灣商務印書館，1980，頁 448。

〔註 54〕 趙玲玲：〈先秦儒道兩家形上思想的研究〉，輔仁大學哲學研究所博士論文，
1974，頁 28。

〔註 55〕 汪斯丹博根著，李貴良譯：《知識與方法之批判》，臺北：臺灣商務印書館，
1967，頁 135。

命運，進而突顯出解蔽的重要。荀子把這個部分放在〈解蔽〉當中：

> 昔人君之蔽者，夏桀殷紂是也。桀蔽於末喜斯觀，而不知關龍逢，以惑其心，而亂其行。紂蔽於妲己、飛廉，而不知微子啓，以惑其心，而亂其行。

> 故群臣去忠而事私，百姓怨非而不用，賢良退處而隱逃，此其所以喪九牧之地，而虛宗廟之國也。桀死於鬲山，紂縣於赤斾。身不先知，人又莫之諫，此蔽塞之禍也。

> 昔人臣之蔽者，唐鞅奚齊是也。唐鞅蔽於欲權而逐載子，奚齊蔽於欲國而罪申生；唐鞅戮於宋，奚齊戮於晉。逐賢相而罪孝兄，身為刑戮，然而不知，此蔽塞之禍也。

這裡顯示出君王和臣子的蔽患會導致喪身滅國，對人們的傷害亦大，難怪荀子言「故以貪鄙、背叛、爭權而不危辱滅亡者，自古及今，未嘗有之也」（〈解蔽〉）。那麼君王和臣子的不蔽，對國家的影響又是如何呢？〈解蔽〉中也提到：

> 成湯監於夏桀，故主其心而慎治之，是以能長用伊尹，而身不失道，此其所以代夏王而受九有也。文王監於殷紂，故主其心而慎治之，是以能長用呂望，而身不失道，此其所以代殷王而受九牧也。……生則天下歌，死則四海哭。夫是之謂至盛。《詩》曰：「鳳凰秋秋，其翼若干，其聲若簫。有鳳有凰，樂帝之心。」此不蔽之福也。

> 鮑叔、甯戚、隰朋仁知且不蔽，故能持管仲，而名利福祿與管仲齊。召公、呂望仁知且不蔽，故能持周公而名利福祿與周公齊。傳曰：「知賢之為明，輔賢之謂能，勉之彊之，其福必長。」此之謂也。此不蔽之福也。

君王的不蔽就是能身受九牧，生則天下歌，死則四海哭。臣子的不蔽則能和君主共同努力於國家福祉。以國家社稷的觀點來看「蔽」，其嚴重性已不言而喻，故荀子慎重看待之。

（二）解蔽的方法：知「道」

荀子提出了蔽患的嚴重性，也同時提出了聖人看出了心術之患，他在〈解蔽〉中說：

> 聖人知心術之患，見蔽塞之禍，故無欲、無惡、無始、無終、無近、

> 無遠、無博、無淺、無古、無今，兼陳萬物而中縣衡焉。是故眾異
> 不得相蔽以亂其倫也。

荀子提出了「衡」對解蔽來說很重要。從「無欲、無惡」、「無始、無終」、「無近、無遠」、「無博、無淺」、「無古、無今」這五組是相互對立的概念來看，這裡的「衡」應該有以天平衡量萬物的意味。可比照〈正名〉中的用法：

> 衡不正，則重縣於仰，而人以爲輕；輕縣於俛，而人以爲重；此人
> 所以惑於輕重也。

而聖人能做到的便是不會使心中的天平因蔽患而傾斜。那麼既然「衡」有衡量萬物的意思，那「衡」的標準是甚麼？荀子在〈解蔽〉中說：

> 何謂衡？曰：道。故心不可以不知道；心不知道，則不可道，而可
> 非道。人孰欲得恣，而守其所不可，以禁其所可？以其不可道之心
> 取人，則必合於不道人，而不合於道人。以其不可道之心與不道人
> 論道人，亂之本也。夫何以知？曰：心知道，然後可道；可道然後
> 守道以禁非道。以其可道之心取人，則合於道人，而不合於不道之
> 人矣。以其可道之心與道人論非道，治之要也。何患不知？故治之
> 要在於知道。

「道」是「衡」的標準，荀子以爲要用「心」去知「道」，才能知「道」與「非道」；然後用守道之心禁止非道；最後才能用可道之心與道人論非道，這才是治之要。

那麼「道」是甚麼呢？〈儒效〉中說：

> 先王之道，人之隆也，比中而行之。曷謂中？曰：禮義是也。道者，
> 非天之道，非地之道，人之所以道也，君子之所道也。

先王的道乃是中正之道，而中正之道就是禮義。〔註56〕荀子更將「禮」視爲「道」的標誌。他在〈天論〉中說：

> 百王之無變，足以爲道貫。一廢一起，應之以貫，理貫不亂。不知
> 貫，不知應變。貫之大體未嘗亡也。亂生其差，治盡其詳。故道之
> 所善，中則可從，畸則不可爲，匿則大惑。水行者表深，表不明則
> 陷。治民者表道，表不明則亂。禮者，表也。非禮，昏世也；昏世，
> 大亂也。故道無不明，外內異表，隱顯有常，民陷乃去。

禮對人民來說，是行爲的標誌，若是標誌不明就有昏亂的憂慮。反過來說，

〔註56〕 熊公哲：《荀子今註今譯》，頁114。

禮的實體其實就是「道」。無怪乎荀子說：「國之命在禮」（〈天論〉）。

　　所以，心能否知「道」就是解蔽的關鍵，而能否解蔽，就是福禍的關鍵，〈正名〉中說：

> 凡人之取也，所欲未嘗粹而來也；其去也，所惡未嘗粹而往也。故
> 人無動而不可以不與權俱。衡不正，則重縣於仰，而人以爲輕；輕
> 縣於俛，而人以爲重；此人所以惑於輕重也。權不正，則禍託於欲，
> 而人以爲福；福託於惡，而人以爲禍；此亦人所以惑於禍福也。道
> 者，古今之正權也；離道而內自擇，則不知禍福之所託。

其中要注意的是「離道而內自擇」指的應該是人的「心」有可能處於無法知「道」的狀態，所以荀子又提出心需要到達某種境界，才能知「道」，他在〈解蔽〉中提到：

> 人何以知道？曰：心。心何以知？曰：虛壹而靜。

所以，心要知「道」並不是那麼容易的，必須要做到「虛壹而靜」，至於心如何達到「虛壹而靜」呢？這個部分容後再解釋。

三、以心除惑

　　荀子把名的作用說明得很清楚，〈正名〉中說：

> 名也者，所以期累實也。
>
> 故王者之制名，名定而實辨。
>
> 故知者爲之分別制名以指實。
>
> 故名足以指實。
>
> 名聞而實喻，名之用也。

所以按照荀子的意思，名是用來指「實」的內涵或其涉及的範圍。潘小慧說：「『實』是什麼？實不僅指外在的的客觀事物，也指內在於人的情意，舉凡實在之事物，不論其存在樣式爲何，是精神的或物質的，是具體的或抽象的，是內在的或外在的，均可以說是『實』」〔註57〕，荀子又在〈正名〉中說：

> 今聖王沒，名守慢，奇辭起，名實亂，是非之形不明，則雖守法之
> 吏，誦數之儒，亦皆亂也。

荀子認爲名實亂，會使是非沒有標準，就算是守法的官吏，飽讀經書的儒者，

〔註57〕潘小慧：《從解蔽心看荀子的知識論與方法學》，頁47。

都會相互迷亂。所以，必須去除這種現象就得「正名」以除惑。那麼就先來看三惑的內容為何，並探討該如何除惑。

（一）三惑

1、用名以亂名

在討論這個部分之前，要先知道荀子怎麼把名分類，荀子在〈正名〉中說：

> 物也者，大共名也。推而共之，共則有共，至於無共然後止。有時而欲偏舉之，故謂之鳥獸。鳥獸也者，大別名也。推而別之，別則有別，至於無別然後至。

「共名」和「別名」是在邏輯上來說，相對高或低的概念。比方說「動物」和「鳥」就是相對來說是彼此的「共名」和「別名」；但是「鳥」和「鶯」相對來說就是彼此「共名」和「別名」，「鳥」可以當共名或別名，端看相對的對象來論。而最大的共名是「物」，不能當別名；最小的別名是個體（individual）概念，不能當共名。〔註58〕

那麼「見侮不辱」就是用別名掩去共名。「侮」應指的是外在的「辱」，而非內在的「辱」。〔註59〕荀子把「辱」分為「埶辱」（外在）和「義辱」（內在），他在〈正論〉中說：

> 流淫汙僈，犯分亂理，驕暴貪利，是辱之由中出者也，夫是之謂義辱。詈侮捽搏，捶笞臏腳，斬斷枯磔，藉靡後縛，是辱之由外至者也，夫是之謂埶辱。

簡單的說就是以侮的別名，當做定義上不等同「辱」（相對來說是共名）。

「聖人不愛己」則是用「人」之共名，而捨棄「己」之別名。《墨子·大取》說：「愛人不外己，己在所愛之中。己在所愛，愛加於己。倫列之愛己，愛人也」，意思是說聖人愛人即包含聖人愛己的意思，不必再特別說明聖人愛己，所以就說「聖人不愛己」。「殺盜非殺人也」則是用「殺盜」之別名，廢棄「殺人」之共名。提倡者認為「盜」是「人」，但是殺「盜」是因為其為「盜」的因素，而非其為「人」的因素，所以說「殺盜非殺人也」。

荀子提出「驗之所為有名，而觀其孰行，則能禁之矣。」（〈正名〉），也

〔註58〕潘小慧：《從解蔽心看荀子的知識論與方法學》，頁51。
〔註59〕同上，頁55～56。

就是就是驗證所有的名，判斷是否可行，就可以禁絕「用名以亂名」。

2、用實以亂名

「山淵平」其實是一個頗爲特殊的概念，筆者以爲依大自然的變化來說，山淵可能因地殼變動而隨時「山成淵」、「淵成山」，實質上乃是同一。〈正名〉中也說：「狀變而實無別而爲異者，謂之化。有化而無別，謂之一實」，但是荀子卻說這是「用實以亂名」。只能說山和淵是約定俗成的，以外表狀態來說就是不一樣。這和〈正名〉中提到「名無固宜，約之以命，約定俗成謂之宜，異於約則謂之不宜」的一致，楊倞也說：「古人以山爲高，以泉爲下，原其實亦無定。」〔註60〕所以「山淵平」的說法不適當是在異於約定俗成的「名」。

「情欲寡」在荀子看來是絕對錯誤的。〈正論〉中說：「以人之情爲欲多而不欲寡，故賞以富厚而罰以殺損也。是百王之所同也」，荀子認爲欲多並不會導致亂，重點在導欲和節欲。「芻豢不加甘，大鍾不加樂」這個部分則是違背一般的認知事實，荀子應該是認爲人之情應是以芻豢爲甘、以大鍾爲樂。

荀子提出「驗之所緣以同異，而觀其孰調，則能禁之矣。」（〈正名〉），也就是沿著官能所知來做判斷是否調適，就可以禁絕「用實以亂名」。

3、用名以亂實

「非而謁楹，有牛馬非馬也」這一句楊倞的斷句是「非而謁楹有牛，馬非馬也」，並指出「非而謁楹有牛」出處不明，而「馬非馬也」是指公孫龍「白馬之說」。〔註61〕公孫龍的白馬非馬說，比較接近以白馬之別名亂馬之共名，此段句不符合「用名以亂實」的意涵。〔註62〕梁啓雄認爲「非而謁楹」當作「非而謂盈」，乃是本文有誤。〔註63〕唐君毅認爲若依照梁啓雄的說法，「非而謂盈」乃以堅白相「非」去論說世俗常見的堅白相「盈」的說法。〔註64〕筆者以爲在沒有找到更恰當的說法之前，此說法是可以暫且採用之。

也就是說公孫龍一派的學者認爲分別之「名」當指不同之「實」。荀子應

〔註60〕　王先謙：《荀子集解》，頁421。

〔註61〕　同上。

〔註62〕　李瑩瑜：《荀子內聖外王思想研究》，臺北縣永和市：花木蘭文化出版社，2009，頁133。

〔註63〕　梁啓雄：《荀子簡譯》，頁316～317。

〔註64〕　唐君毅：《唐君毅全集》，卷十二，《中國哲學原論·導論篇》，臺北市：臺灣學生書局，1991，頁175。

是以為不同之二名，所指實的「範圍」不同，並不表示不能指同一「實」。〔註65〕比方說：有一石，有人以其硬度特徵稱為「堅石」；亦有人加以其顏色特徵為白色而稱「堅白石」，實為同一石。而「有牛馬非馬也」是用「馬」的別名亂「牛馬」的實體，因為牛馬為羣的實體中實際上是有馬的實體存在。

荀子提出「驗之名約，以其所受，悖其所辭，則能禁之矣。」（〈正名〉），也就是驗證名約和所受的事實，是否悖離所用的言辭，就可以禁絕「用名以亂實」。

（二）除惑的方法：王者之制名與聖人之辨

荀子在〈正名〉中提到三惑，提出的解決方法是要「正名」，其中具有很強的邏輯性。〔註66〕觀其內容都是跟心的能力有關，這點和西方智者（sophist）所強調的措辭技藝（orthoepeia）不太相同，"orthoepeia"（也中譯為「正名」）是指在演講和辯論中為了正確有效的使用語言，揭露對方用詞不當的錯誤，所以深入研究詞義問題。〔註67〕而荀子注重的「正名」是為了解決三惑導致心偏離正道的問題。所以在〈正名〉中提到：

> 凡邪說辟言之離正道而擅作者，無不類於三惑者矣。故明君知其分
> 而不與辨也。

筆者以為荀子說「明君知其分而不與辨」的原因是在於君王有制名的權力，〈正名〉又提到：

> 故王者之制名，名定而實辨，道行而志通，則慎率民而一焉。故析
> 辭擅作名，以亂正名，使民疑惑，人多辨訟，則謂之大姦。其罪猶
> 為符節度量之罪也。

這跟《禮記・王制》中說「析言破律，亂名改作，執左道以亂政，殺」的內容是一致的，荀子認為君王有制名和對於亂名者處以刑罰的權力，所以「跡長功成，治之極也。是謹於守名約之功也」（〈正名〉），指出守名約才能達到治之極。

所以王者的制名乃是除惑的最根本方法，但是荀子在〈正名〉中提到：

> 今聖王沒，天下亂，姦言起，君子無埶以臨之，無刑以禁之，故辨
> 說也。

〔註65〕潘小慧：《從解蔽心看荀子的知識論與方法學》，頁59。
〔註66〕馮友蘭：《中國哲學史》，頁373。
〔註67〕姚厚介：《希臘哲學史2》，北京：人民出版社，1997，頁142。

因為聖王不存，無法用刑罰禁止姦言，所以要「辨說」。又〈非相〉中提到：

> 人之所以為人者何已也？曰：以其有辨也。

對照〈正名〉中說明「辨說」的意義和目的：

> 辨說也者，心之象道也。……心合於道，說合於心，辭合於說。

人要有「辨」（辨別，有價值澄清的意義）才能「辨說」（亦可做辯說），心所知合於道，辨說之意合於心所知，所用的言辭合於辨說之意。

那麼要「心合於道，說合於心，辭合於說」的辨說，便是荀子所說「聖人的辨說」，〈正名〉中說：

> 以正道而辨姦，猶引繩以持曲直。是故邪說不能亂，百家無所竄。……
>
> 說行則天下正，說不行則白道而冥窮。是聖人之辨說也。

用正道與姦言辨說，就像引繩墨以定曲直，所以邪說不能亂，百家雜說都無所隱竄。其說能行可以使天下正，若不能行就彰顯其道而隱其身，這就是聖人的辨說。

荀子其實希望「聖王」制名，並用刑罰禁絕姦言。但是因為聖王不存，便退而求其次，希望藉由「聖人」之辨說來導正天下。但是不論是聖人還是聖王，都是要以「道」為標準才能讓人免除三惑。這和上面以心解蔽的根本方式是一致的，就是必須要讓心知「道」。因為牽扯到名、實的問題，必須要以王者之制名與聖人之辨說的方法，使道的意義更明確、標準更一致，以便使人遵從。所以，荀子以禮為道之表是有其原因的。

第四節　心的大清明：虛壹而靜

上面已經討論了荀子對於解蔽、除惑的根本就是在知「道」，那麼要如何知「道」呢？〈解蔽〉中說：

> 人何以知道？曰：心。心何以知？曰：虛壹而靜。心未嘗不臧也，
> 然而有所謂虛；心未嘗不兩也，然而有所謂壹；心未嘗不動也，然
> 而有所謂靜。

荀子說人要依靠心的能力才能知「道」，而心必須達到「虛壹而靜」。這裡的「臧」指藏，古字通；「壹」，指「專壹」，在下俱作「一」；「兩」指兼知，原字「滿」，楊倞改之。〔註68〕荀子說心未嘗不包藏，然而卻有所謂虛；心未嘗

〔註68〕 王先謙：《荀子集解》，頁395。

不兼知，然而卻有所謂壹；心未嘗不動，然而卻有謂靜。虛、壹、靜的內涵看起來很玄妙，就先來探究其意義。

一、虛、壹、靜

〈解蔽〉中說明的虛：

> 人生而有知，知而有志；志也者，臧也；然而有所謂虛；不以所已臧害所將受謂之虛。

這裡的知當指認知，志指記憶。〔註69〕說明人生而有知，有知就有記憶，記憶就是收藏；然而有所謂虛，不以心中已藏的事物妨害所將接受的事物，這就叫做虛。人本來就有認知的能力，認知之後還可以記在心裡。虛可以當做是人在記憶知識之後，還有修正的能力。這也是說人的心總有一個「虛」的空間，能接受新的知識或放入新的元素來修正舊知識或經驗上的成見。筆者以為心的能力中的「知」，能對照心的「知而有志」；那麼「慮」就是能對照心的「不以所已臧害所將受」。慮就是能找到心中的「虛」，使心能一步步知「道」。

〈解蔽〉中說明的壹：

> 心生而有知，知而有異；異也者，同時兼知之；同時兼知之，兩也；然而有所謂一：不以夫一害此一謂之壹。

人生而有知，所知的會有所不同，不同的，就可以兼知；同時兼知就是兩，然而有所謂一，就是不以彼一害此一，這就叫做壹。這裡的「壹」解釋為「專一」或「整合統一」，或者兩者兼具亦可。〔註70〕若解為專一，指出人的心若能專一，必能把握道的整體。〈解蔽〉中提到「精於物者」和「精於道者」的差別：

> 農精於田，而不可以為田師；賈精於市，而不可以為市師；工精於器，而不可以為器師。有人也，不能此三技，而可使治三官。曰：精於道者也。精於物者也。精於物者以物物，精於道者兼物物。

〈解蔽〉也舉出許多歷史上的例子，顯示專一的重要：

> 故好書者眾矣，而倉頡獨傳者，壹也；好稼者眾矣，而后稷獨傳者，壹也。好樂者眾矣，而夔獨傳者，壹也；好義者眾矣，而舜獨傳者，

〔註69〕梁啟雄：《荀子簡譯》，頁294。
〔註70〕潘小慧：《從解蔽心看荀子的知識論與方法學》，頁28～29。

> 壹也。倕作弓，浮游作矢，而羿精於射；奚仲作車，乘杜作乘馬，
>
> 而造父精於御：自古及今，未嘗有兩而能精者也。

所以將「壹」解為專一的話是前後文連貫的。但是，人的心有統合知的能力，這也是荀子學說中所強調的，能整合統一所有的知，當然也能統合道的全部，而非其中一隅。筆者以為人的知可以對照兼知，那麼人的慮就能對照整合統一的意思，這樣的說法則能讓荀子的心論部分有更一貫性的解釋。那麼這裡的壹究竟是「專一」還是「整合統一」？其實觀看《荀子》一書，會發覺荀子是一位文字造詣很高的學者，也許這裡的壹本就有雙關意味，所以筆者認為任採一種，或兩種意思兼具都不影響其意義。這裡要注意的是，荀子特意強調「自古及今，未嘗有兩而能精者也」，有隱含在生活中學習技能時，專一亦是十分重要的，不只在求知道方面而論而已。

再來看〈解蔽〉中說明的靜：

> 心臥則夢，偷則自行，使之則謀；故心未嘗不動也；然而有所謂靜；
>
> 不以夢劇亂知謂之靜。

這段大抵是說心在睡時就做夢，鬆懈時就自動胡思亂想，使用的時候就思謀；所以心未嘗不動，然而有所謂靜，不以想像煩囂來擾亂知。也就是不以自起的（夢）或他起的（劇）雜念擾亂其知慮作用就是「靜」。〔註71〕所以「靜」不是完全靜止不動的意思，而是人的「知」、「慮」能不隨著於雜念動念起舞，進而讓心處於相對於外界雜念來說，是一種「靜」的狀態，也就是能摒除雜念以求知「道」。

虛、壹、靜是心要知道時，必須要有的三種方法。依荀子對於壹的解釋篇幅較大與佐證的仔細來看，可能原因是其意義最常運用在生活上。筆者以為另有一個原因亦可能是荀子對其最為重視，也就是虛、壹、靜當中，又以「壹」最為重要。

二、心的大清明

〈解蔽〉中說明虛壹而靜乃是大清明：

> 未得道而求道者，謂之虛壹而靜。作之：則將須道者之虛則人，將
>
> 事道者之壹則盡，盡將思道者靜則察。知道察，知道行，體道者也。
>
> 虛壹而靜，謂之大清明。

〔註71〕潘小慧：《從解蔽心看荀子的知識論與方法學》，頁30。

這裡的「謂」當做「說」用。〔註72〕這裡是說，沒有得道而正在求道的人，把虛壹而靜的方法說給他聽。這裡的「人」當為「入」，為入於道。〔註73〕王念孫將「則將須道者之虛則人，將事道者之壹則盡，盡將思道者靜則察」改為「則將須道者之虛，虛則入；將事道者之壹，壹則盡；將思道者之靜，靜則察」〔註74〕，這樣會將會將虛、壹、靜彼此間的聯繫建構的更為緊密，因為這樣的說法是說心由虛進入壹，再由壹到達靜。也許是荀子對於壹有較多的解釋和佐證，讓王氏認為壹可能是關鍵性具有由虛到靜的中介角色。但是過多幅度的修改原文增字，筆者以為不妥。

所以，只要解釋為去做，才能使須道者之虛入於道；將要行事，則需要道者的專一才能盡知；將要思考，則需要道者能靜，才能明察。知道而能明察，知道而能實行，這才是真的體會道。虛壹而靜，叫做大清明。其中，「將事道者之壹則盡，盡將思道者靜則察」採用的頂真語法，確實有把壹和靜串連起來的意涵，或許荀子真的認為要壹才能摒除雜念到靜。但是依原文來看，虛、壹應是並列（虛能接收或修正知識，壹是專一或整合統一於知識），壹、靜則有因果關係（專一或整合統一於知識，才能去除不必要或錯誤的雜念而可能到達靜）。荀子自己也說「虛壹而靜」，虛和壹是並列的兩種方法，是顯而易見的。

〈解蔽〉中提到大清明的境界：

> 萬物莫形而不見，莫見而不論，莫論而失位。坐於室而見四海，處於今而論久遠。疏觀萬物而知其情，參稽治亂而通其度，經緯天地而材官萬物，制割大理而宇宙裡矣。恢恢廣廣，孰知其極？睪睪廣廣，孰知其德？涫涫紛紛，孰知其形？明參日月，大滿八極，夫是之謂大人。夫惡有蔽矣哉！

此境界是萬物莫不見其象，無不能論說，論說無不得其宜。不出戶而盡知天下事，處於今世而可論久遠之事，這就是聖人的境界。〔註75〕筆者以為荀子在〈正名〉中所言的聖王、聖人，指的就是到達此境界的人。對照〈性惡〉中的「立君上之埶以臨之」，「君」必須是到達聖人境界的「君」，才能以君之

〔註72〕 王忠林：《新譯荀子讀本》，頁 322。
〔註73〕 梁啓雄：《荀子簡譯》，頁 295。
〔註74〕 王忠林：《新譯荀子讀本》，頁 322。
〔註75〕 李塋瑜：《荀子內聖外王思想研究》，頁 86。

勢和禮義外鑠人民。牟宗三說：「儒家重君德，法家重君術。……儒家固視君
爲至道之化身，以備德全美之至聖期之，……而在聖君賢相之政體下（道之
直接表現形態），君若眞是法天代天，則君之理必應如此，其不能如此者，必
不堪爲君，亦不宜爲君也，或即爲之，亦不合君之德也。」〔註76〕所以荀子
是有條件的重君之勢和禮義，並期能以之治天下。而其實行的可能性究竟如
何呢？下一章會探討這個問題。

〔註76〕　牟宗三：《牟宗三先生全集2》，《名家與荀子》，臺北市：聯經出版公司，2003，
　　　　　頁 213～214。

第四章 化性起僞：讓「善」成爲可能

　　荀子既然提出「性惡」，又提出人的心乃具有獨特的價值，並且試圖將人和天的分別釐清。可見荀子已經建立起一個人應該爲自己的社會秩序負責任的立論基礎，所以他所提出的「化性起僞」乃是對於理想社會能實現的重要方法，也就是荀子學說架構中，如何使善成爲可能的關鍵。

第一節 性僞之分

　　荀子在〈性惡〉中提到性僞之分：

> 不可學，不可事，而在人者，謂之性；可學而能，可事而成之在人者，謂之僞。是性僞之分也。今人之性，目可以見，耳可以聽；夫可以見之明不離目，可以聽之聰不離耳，目明而耳聰，不可學明矣。

荀子認爲不可學與不可事，而出於天生的就是性；可學且可事，而能靠人爲的成就則是僞。從後半段，荀子以耳聰目明來說明「性」，可以看出這裡把性和僞分別的重點是「天生自然」與「人爲而成」的區別。所以荀子在〈性惡〉中又說：

> 若夫目好色，耳好聽，口好味，心好利，骨體膚理好愉佚，是皆生於情性者也；感而自然，不待事而後生之者也。夫感而不能然，必且待事而後然者，謂之生於僞。是性僞之所生，其不同之徵也。

這裡的「徵」，指驗。〔註 1〕也就是把人的官能所發展出的情、欲也納入「天生自然」的部份，把無法由「天生自然」能感的部份都認定爲生於僞。其實，

〔註 1〕熊公哲：《荀子今註今譯》，頁 481。

荀子不只在〈性惡〉中多次強調性是天生自然的，在〈禮論〉中亦有類似說法：

> 性者，本始材朴也；偽者，文理隆盛也。

這裡不只說了性是天生自然，還把偽的「人為而成」歸到「文理」的極盛。文和理在〈禮論〉中有明確的定義是指「修飾」和「合宜」，並合成「儀文」：〔註2〕

> 貴本之謂文，親用之謂理，兩者合而成文，以歸大一，夫是之謂大隆。

其中的「大一」在《禮記・禮運》中提到「是故夫禮，必本於大一」，指的是大古。〔註3〕而且荀子在〈性惡〉也提到文理與禮義密不可分：

> 然而孝子之道，禮義之文理也。

> 好利而欲得，若是則兄弟相拂奪矣；且化禮義之文理，若是則讓乎
> 國人矣。

甚至在〈性惡〉中以君子化性起偽而生禮義，直接強調「偽」和禮義的關係：

> 凡（所）貴堯、禹、君子者，能化性，能起偽，偽起而生禮義。

所以偽的表現是，「人為而成」歸到「文理」的極盛，而文理極盛的表現就是「禮義」。

所以荀子在〈禮論〉中說：

> 無性則偽之無所加，無偽則性不能自美。性偽合，然後成聖人之名，
> 一天下之功於是就也。故曰：天地合而萬物生，陰陽接而變化起，
> 性偽合而天下治。

性和偽雖然有分別，但是偽的定義中有性為基礎，而性要向善就必須透過偽。從荀子把「偽」最後定調到禮義，不難看出其對於人的後天作為採取非常積極的看法。才會說性偽合，再加上聖人的制名完備，天下就能達到治，也就是善。筆者以為，對照荀子所言「性惡」的內容來看，再加以其極力辨別性、偽的不同，乃是想把「性」、「偽」對照「非禮義」、「禮義」來看，本意應是想把「偽」和「善」聯繫起來，並不是想要強調「性惡」，所以〈性惡〉中才會一再出現「其善者偽也」的說法。不少人批評荀子，不明究理，往往將重點擺在其「主性惡」上，其實這是頗值得商榷的。〔註4〕

〔註2〕同上，頁376。

〔註3〕熊公哲：《荀子今註今譯》，頁376。

〔註4〕潘小慧：〈從「解蔽心」到「是是非非」：荀子道德知識論的建構及其當代意義〉，《哲學與文化（月刊）》第34卷，第12期，（403），2007年12月，頁42（41～54）。

第二節　善的由來：化性起僞

　　荀子既然言「性惡」，那麼就要解決「善」從何而來或是因何而來的問題。上一節又提到在荀子學說之中，「僞」和「善」有很強的聯繫。那麼在荀子的學說中，善又是甚麼？筆者以爲，此爲荀子學說中的重點，其概念和意涵極爲重要。

一、善的意義

（一）善的一般理解

　　「善」在一般的理解常被視爲「價值」的根源。在西方哲學中的形上學或本體論裡作爲存有的超越屬性（transcendental attributes）「一」、「眞」、「善」、「美」之一，「善」與「存有」具有可互換性，「至善」或「善自身」甚至等同於「第一因」或「上帝」外，「善」也作爲實踐哲學中的倫理學裡倫理行爲或人性行爲（human acts）的價值歸趨。而在中國儒家哲學更將「善」作爲人性的代名詞、人性的本質、人性的特質或趨向。所以說「善」作爲本體論或存有學來說，指的是存有即善；若在倫理道德意義上所指乃是倫理之善；若在日常生活上所談論的善，意義是指「好」，其中並無哲學意涵。〔註 5〕那麼荀子所言之善，和一般人的認知善是相同抑或是不同，則是下一個部分要討論的重點。

（二）荀子言善

　　在第二章討論惡的意義時，已經初步討論出《荀子》一書中的善指的是治，而治又等同禮義的存在。簡單的說凡合於「禮義」的即爲善。所以對荀子在〈性惡〉中說：

　　　　故必將有師法之化，禮義之道，然後出於辭讓，合於文理，而歸於治。今人之性惡，必將待師法然後正，得禮義然後治。

在荀子的學說中，聖人乃是師法、禮義的來源，也就是善的來源，〈性惡〉中說：

　　　　古者聖王以人性惡，以爲偏險而不正，悖亂而不治，是以爲之起禮

〔註 5〕潘小慧：〈「荀子：「性惡」，「善」何在？」〉，輔仁大學第二屆天主教學術國際研討會：人、文化與超越的跨領域對話，新北市：輔仁大學天主教學術研究院，2011 年 05 月 21 日，頁 1。

義，制法度，以矯飾人之情性而正之，以擾化人之情性而導之也，
始皆出於治，合於道者也。

凡禮義者，是生於聖人之僞，非故生於人之性也。……聖人積思慮，
習僞故，以生禮義而起法度，然則禮義法度者，是生於聖人之僞，
非故生於人之性也。

故聖人化性而起僞，僞起而生禮義，禮義生而制法度；然則禮義法
度者，是聖人之所生也。聖人之所以同於眾，其不異於眾者，性也；
所以異而過眾者，僞也。

這裡明確的指出聖人之性，跟一般人是一樣的；聖人與一般人不同的地方是
「僞」。所以禮義乃生於聖人之僞，非生於聖人之性。但是人如何由性惡轉向
善呢？荀子的說法是人必須「化性而起僞，僞起而生禮義，禮義生而制法度」。
所以，善的來源也可以視爲是化性起僞的歷程。〔註6〕不過，在這裡要注意的
是，荀子言禮義、法度都是出於治、合於道，就是仍舊以「道」做爲判斷治
的標準，也就是判斷善的標準。所以除了禮義之外，法治也成爲荀子學說中
跟善有所聯繫的另一個重點。

所以〈解蔽〉中說：

故學也者，固學止之也。惡乎止之？曰：止諸至足。曷謂至足？曰：
聖王。聖也者，盡倫者也；王也者，盡制者也；兩盡者，足以爲天
下極矣。故學者以聖王爲師，案以聖王之制爲法，法其法以求其統
類，以務象效其人。

「至足」，指圓滿無缺之道。也就是說學當有一個正確的目標，也就是圓滿無
缺之道。而圓滿無缺之道，就是學聖道和王道。聖人窮盡萬物之理；王者窮
盡禮法之制，聖人之道與王者之制足以爲天下萬世之極則。〔註7〕所以荀子側
重禮之客觀效應，強調禮制點憲之整齊統一，而形成「禮之統類」的觀念。〔註
8〕荀子說「禮者、法之大分，類之綱紀也」（〈勸學〉），指的便是禮法乃是一
切事物的總綱紀。

如果說荀子把法治視爲禮的客觀效應，那麼荀子所言的善，具有的意義
就更爲豐富了。依照《荀子》一書中把「善」的意義建立在合禮義的治上面，

〔註6〕潘小慧：〈「荀子：「性惡」，「善」何在？」〉，頁10。
〔註7〕李滌生：《荀子集釋》，頁499。
〔註8〕周群振：《荀子思想研究》，臺北市：文津出版社，1987，頁5。

又把禮義視爲「道」的實質。已經不難看出因爲荀子不僅僅把對「善」的追求，在禮義外的客觀效應，轉向了法治層面；也把人想要知道如何向「善」的前提，建築在內便是心要先有對「道」的認識與理解。所以，荀子言善，看似直指合於「治」的「禮義」實存，也就是「偽」的表現；其實亦隱含有「道」、「法」的內在與外在條件的具備。筆者以爲在荀子學說中所言的「善」，乃是蘊含著「治」、「禮義」、「偽」、「道」、「法」的意義在內，可以指個人（君子）；當然更可以指社會秩序。

二、化性起偽以求善

（一）個人的化性起偽

荀子在〈儒效〉中說：

> 性也者，吾所不能爲也，然而可化也。積也者，非吾所有也，然而可爲也。注錯習俗，所以化性也；並一而不二，所以成積也。習俗移志，安久移質。並一而不二，則通於神明，參於天地矣。

「化」指變化。〔註9〕這裡指出人的性是可以靠著累積後天的經驗和學習而變化的，而積習的功夫不是人生來固有的，但是可以靠後天人爲而成的。生活的安排、風俗的感染，就可以化性。專心一志，才能夠積習。習俗轉移人的志向，安之既久就會變化人的氣質。專一於師法，不二於異端，則智慧通於神明，與天地並列了。〔註10〕

所以，荀子在〈性惡〉中提出了「積」乃是君子和小人的分別就在意志上的選擇：

> 曰：「聖可積而致，然而皆不可積，何也？」曰：可以而不可使也。故小人可以爲君子，而不肯爲君子；君子可以爲小人，而不肯爲小人。小人君子者，未嘗不可以相爲也，然而不相爲者，可以而不可使也。

面對理論上的「聖可積而致」，相對於現實上的「皆不可積」，荀子認爲問題是在「可以而不可使也」上面。楊倞注爲「可以爲而不可使爲，以其性惡」；〔註11〕熊公哲則稱「可以，謂可以爲。不可使，謂不可使之必爲」〔註12〕；

〔註 9〕 熊公哲：《荀子今註今譯》，頁136。
〔註10〕 李滌生：《荀子集釋》，頁154～155。
〔註11〕 王先謙：《荀子集解》，頁443。

王天海將此句注爲「即可爲而不可使之爲也」。〔註13〕相對於「可以爲」,「使之爲」明顯有一種被動意味,因此採用王天海的解釋便可以符合荀子學說中心的主動性,因爲這句話便無疑在強調成聖是個體主動而非被動的行爲。〔註14〕相對於「故小人可以爲君子,而不肯爲君子;君子可以爲小人,而不肯爲小人」而言,就是人的自由意志。所以人的價值是建立在可以爲的條件之上,並加以肯爲的努力,也就是〈正名〉中提到的「求者從所可,所受乎心也」。〔註15〕

所以〈解蔽〉中提到心的清明:

> 故人心譬如槃水,正錯而勿動,則湛濁在下,而清明在上,則足以見鬚眉而察理矣。微風過之,湛濁動乎下,清明亂於上,則不可以得大形之正也。心亦如是矣。故導之以理,養之以清,物莫之傾,則足以定是非決嫌疑矣。

心的清明可以明鑑於物,心若亂則難以明察萬理;那麼以清養心,外物不得使之傾斜,就可以定是非而決嫌疑。除了養心以清之外,〈不苟〉中還提到養心以誠:

> 君子養心莫善於誠,致誠則無它事矣。惟仁之爲守,惟義之爲行。誠心守仁則形,形則神,神則能化矣。誠心行義則理,理則明,明則能變矣。變化代興,謂之天德。天不言而人推其高焉,地不言而人推其厚焉,四時不言而百姓期焉。夫此有常,以至其誠者也。

說明君子養心沒有比誠更好的,只要誠心守著仁必會形於外,形於外就會如神明,如神明則能化育也。對照《大學》所言「所謂誠其意者,毋自欺也」,「誠心行義則理,理則明,明則能變矣。變化代興,謂之天德」指的就是人要以不自欺的誠心而行,其意義是法天而行,〔註16〕也間接指出將人和天的關係(天德的表現)連接起來的就是心的能化。〔註17〕

〔註12〕 熊公哲:《荀子今註今譯》,頁489。

〔註13〕 王天海:《荀子校釋》,上海:上海古籍出版社,2005,頁955,注一。

〔註14〕 方旭東:〈可能而不能──荀子論爲善過程中的意志自由問題〉,《哲學與文化(月刊)》第34卷,第12期,(403),2007年12月,頁60(55～68)。

〔註15〕 徐川惠:〈論「荀子」由智達德之如何可能?〉,南華大學哲學研究所碩士論文,2008,頁79。

〔註16〕 李瑩瑜:《荀子內聖外王思想研究》,頁78。

〔註17〕 陳福濱:〈荀子的教育思想及其價值〉,《哲學與文化(月刊)》第34卷,第12期,(403),2007年12月,頁12(5～20)。

所以〈性惡〉中說：

> 凡禹之所以爲禹者，以其爲仁義法正也。然則仁義法正有可知可能
> 之理。然而塗之人也，皆有可以知仁義法正之質，皆有可以能仁義
> 法正之具，然則其可以爲禹明矣。

其中所謂「然而塗之人也，皆有可以知仁義法正之質，皆有可以能仁義法正之具」指的就是人的「心」，心的能力是「知」、「慮」，若能做到「虛」、「壹」、「靜」，就能達到大清明，這個部分在第三章提到過。而〈性惡〉中又說：

> 塗之人者，皆內可以知父子之義，外可以知君臣之正，然則其可以
> 知之質，可以能之具，其在塗之人明矣。今使塗之人者，以其可以
> 知之質，可以能之具，本夫仁義法正之可知可能之理，可能之具，
> 然則其可以爲禹明矣。今使塗之人伏術爲學，專心一志，思索孰察，
> 加日縣久，積善而不息，則通於神明，參於天地矣。故聖人者，人
> 之所積而致矣。

塗之人均具有可「可以知之質，可以能之具」的心，但是重點是必須「伏術爲學，專心一志，思索孰察，加日縣久，積善而不息，則通於神明，參於天地矣」。對照上文所提到的「積」是君子、小人的分別，根源在意志上的選擇不同，其實「材性知能，君子小人一也」（〈榮辱〉），可知此一選擇的關鍵乃是在於心。對照〈儒效〉中提到：

> 不聞不若聞之，聞之不若見之，見之不若知之，知之不若行之。學
> 至於行之而止矣。行之，明也；明之爲聖人。聖人也者，本仁義，
> 當是非，齊言行，不失豪釐，無他道焉，已乎行之矣。故聞之而不
> 見，雖博必謬；見之而不知，雖識必妄；知之而不行，雖敦必困。

　　荀子把學習看作是知識的一個重要來源，十分重視在學習中積累知識。同時他又重視行，把「行」看作是學習的目的，強調要學以致用。他反對那種「入乎耳，出乎口」，不能身體力行的學習，主張學習要「入乎耳，箸乎心，布乎四體，形乎動靜」。也就是要把學到的知識，潛移默化於內心，實際運用於待人處世。〔註18〕所以在荀子的學說中，這裡可以說明化性起偽以求善的主動性來自於心；也說明沒有天生的聖人，聖人乃是刻意積累而成的之外；更可以解釋荀子學說中所言「塗之人可以爲禹」，但是事實上能將意志落實到

〔註18〕曾春海、葉海煙、尤煌傑、李賢中：《中國哲學概論》，臺北市：五南出版社，2005，頁125。

道德自覺，進而實踐「行」的聖人卻是難得一見。

（二）化性起偽與群的關係

人類社會的群乃是爲了共同目的而建立的，〈富國〉中提到：

> 萬物同宇而異體，無宜而有用爲人，數也。人倫並處，同求而異道，
> 同欲而異知，生也。皆有可也，知愚同；所可異也，知愚分。執同
> 而知異，行私而無禍，縱欲而不窮，則民心奮而不可說也。如是，
> 則知者未得治也；知者未得治，則功名未成也；功名未成，則群眾
> 未縣也；群眾未縣，則君臣未立也。無君以制臣，無上以制下，天
> 下害生縱欲。

這裡說明了萬物在宇宙中各有其宜，若善於利用，就能利民生。人的欲望相
同，追求的方法與知識因人而異，是天性使然。心中皆有所可，是智、愚所
同的；心中所認可的道理，則是智、愚之分。人的勢力相同，但是智不同，
若行私而不得禍，則人民必起而奮奪而無法說服。那麼就算智者也無法治理
了，無法治理就無法成就功用名分，那群眾便無法懸繫，而君臣制度便無法
建立。無君以管制臣，無上以管制下，天下之害就生於縱欲了。所以〈富國〉
中提到群體中的「分」與「君」的關係：

> 人之生不能無群，群而無分則爭，爭則亂，亂則窮矣。故無分者，
> 人之大害也；有分者，天下之本利也；而人君者，所以管分之樞要
> 也。故美之者，是美天下之本也；安之者，是安天下之本也；貴之
> 者，是貴天下之本也。

這裡提出了人君是管理「分」的重要關鍵，這裡可算是出荀子尊君的理論之
一。有人君，那麼國的雛形就建立了，所以〈議兵〉中才說：

> 禮者、治辨之極也，強國之本也，威行之道也，功名之總也。

禮在群體中的功用是讓人能分，並達到治，避免禍害，所以說「善」就被定
位在「禮」上了。〔註19〕

對照〈性惡〉中說：

> 聖人積思慮，習偽故，以生禮義而起法度。
>
> 古者聖王以人性惡，……是以爲之起禮義，製法度，以矯飾人之情
> 性而正之，以擾化人之情性而導之也，始皆出於治，合於道者也。

〔註19〕陳望衡：《中國古典美學史》，臺北市：華正書局，2001，頁175。

荀子理想中的人君便是聖人，才能生禮義和起法度，「出於治、合於道」指的是社會秩序的善，也就是群體的善，所以荀子的法治與群體的善不可分。

〈儒效〉便提出法先王和法後王的差別：

> 略法先王而足亂世術，繆學雜舉，不知法後王而一制度，不知隆禮義而殺詩書；……法後王，一制度，隆禮義而殺詩書；其言行已有大法矣，然而明不能齊法教之所不及，聞見之所未至，則知不能類也；知之曰知之，不知曰不知，內不自以誣，外不自以欺，以是尊賢畏法而不敢怠傲：是雅儒者也。

對照〈不苟〉中言「百王之道，後王是也」，先王後王在本質上並無差異，只是先王歷時久遠，略而難詳。而後王之法，承先王之道累積而成，粲然名備，可據可徵，故荀子特重法後王。〔註 20〕依據荀子的前後文，荀子認爲法後王還有程度的差異，就是「雅儒」和「大儒」的分別。

> 法先王，統禮義，一制度；以淺持博，以古持今，以一持萬：苟仁義之類也，雖在鳥獸之中，若別白黑；倚物怪變，所未嘗聞也，所未嘗見也，卒起一方，則舉統類而應之，無所儗作；張法而度之，則晻然若合符節：是大儒者也。

王先謙說：「『先王』當爲『後王』，『以古持今』當爲『以今持古』，皆傳寫誤也。」〔註 21〕大儒才是荀子心中理想的人格典範，也是聖王能制禮儀法度的條件具備。

那麼一般人無法達到此境界，就依據聖王的法度作爲權衡的標準，〈不苟〉便提到：

> 君子大心則敬天而道，小心則畏義而節；知則明通而類，愚則端愨而法。

所以在荀子眼中，君子不必一定要智，但是至少要懂得守法度。筆者以爲這是荀子對群中的人民，一種最低限度的期許。所以〈正名〉說：

> 有法者以法行，無法者以類舉。

當法度中沒有適當的條文可以引用判斷的時候，就必須推求共通之理。對照〈王制〉所言：

> 以類行雜，以一行萬。始則終，終則始……天地者，生之始也；禮

〔註 20〕蔡仁厚：《中國哲學史綱》，臺北市：臺灣學生書局，1988，頁 67。

〔註 21〕王先謙：《荀子集解》，頁 140。

義者,治之始也;君子者,禮義之始也。

所以這裡的「一」又回到禮義的意義了。在荀子眼中,禮義仍是法度的的根本,而且也確切的體認了有「無法者以類舉」的狀況。所以「化性起偽」的歷程是「善」的來源,在「群」中不可避免的必須由禮義走向具體的法度。因為法的強制性更強調整體的禮法綱紀,並非著重個體。〔註22〕

第三節 善在社會制度下實現的可能

荀子對於現實社會的觀察,造就了他以「性惡」為起點,想要憑藉著「心」去「化性起偽」達到善的學說架構。荀子一直強調聖王的理想人格,能起禮義、制法度,儼然是理想社會的重要角色。那麼在這個群體中的人民呢?無法達到理想人格的大部分人民,該用甚麼方是讓他們為主的群體達到「治」,也就是「善」呢?荀子既然以性惡為起點,當然就會希望這個方法能調節人性所發展的情欲為主,因為荀子透過觀察發現此乃是群體亂的根源。所以荀子學說中的「禮」、「樂」、「法」便是以人的欲求為出發點而形成的。

一、禮、樂、法

(一) 禮

禮原先是對神明表達敬義的活動,《說文》:「禮,履也;所以示神致福也。」所以禮的起源就是祭祀。但是因為祭祀活動都有不同的禮節,所以禮逐漸成為社會共同遵守的規範。〔註23〕荀子把禮的來源定位在人的欲望所起的亂上,〈禮論〉說:

> 禮起於何也?曰:人生而有欲,欲而不得,則不能無求。求而無度量分界,則不能不爭;爭則亂,亂則窮。先王惡其亂也,故制禮義以分之,以養人之欲,給人之求。使欲必不窮於物,物必不屈於欲。兩者相持而長,是禮之所起也。

顯然的,在荀子學說中,禮是後天的「偽」,但是其立論基礎則是來自人性的需要。所以為了平息紛亂,先王就提出了「分」。其目的是對於人的階層與物

〔註22〕 李澤厚:《中國古代思想史論》,臺北縣樹林鎮:漢京文化出版社,1987,頁107。

〔註23〕 陳飛龍:《孔孟荀禮學之研究》,臺北市:文史哲出版社,1982,頁1~17。

資做分配，使人能被滿足。所以〈富國〉中說：

> 禮者，貴賤有等；長幼有差，貧富輕重皆有稱者也。

這樣的劃分，定要使人信服，所以就必須先教導人民了解並接受這套規則，對照〈性惡〉提到：

> 故為之立君上之埶以臨之，明禮義以化之。

禮能先化育人心，禮所成的社會規範才能順利施行。所以禮也有教育上的意義。

所以荀子在〈禮論〉提出禮有三本：

> 禮有三本：天地者，生之本也；先祖者，類之本也；君師者，治之本也。

其中天地和先祖都有追本溯源的意義，〔註24〕而君師則是安定生活現實因素，在政治制度、社會生活與個人品德修養有關係。所以政治上可見其相關思想：

> 為政不以禮，政不行矣。（〈大略〉）

> 上莫不致愛其下，而制之以禮。（〈王霸〉）

〈王制〉中更是把社會的群體關係，以禮的功用，也就是以「分」的觀念做出區別，才能使社會和諧：

> 故人生不能無群，群而無分則爭，爭則亂，亂則離，離則弱，弱則不能勝物；故宮室不可得而居也，不可少頃舍禮義之謂也。能以事親謂之孝，能以事兄謂之弟，能以事上謂之順，能以使下謂之君。

禮其實透過了「分」的觀念，區隔人在群體中的關係，也就是找出人與人之間應該有的適當界線。而禮的這個在群體中的適當界線，不僅表現在分，也表現在人的情感抒發上，因為禮要能滿足人內在的情感而得到抒發，過與不及都是不好的。所以禮和內在情感若能互相配合並找到適當的界線，就是最恰當的，這種思想可以在〈禮論〉中看到：

> 禮者，以財物為用，以貴賤為文，以多少為異，以隆殺為要。文理繁，情用省，是禮之隆也。文理省，情用繁，是禮之殺也。文理情用相為內外表裏，並行而雜，是禮之中流也。

而人要能將禮和內在情感互相配合良好，是需要透過學習的，所以〈修身〉

〔註24〕 鐘曉彤：〈荀子的人性論與理想社會研究〉，東吳大學哲學研究所碩士論文，2008，頁47。

說：「禮者，所以正身」；〈禮論〉也說：「君子審於禮，則不可欺以詐僞」、「禮者、斷長續短，損有餘，益不足，達愛敬之文，而滋成行義之美者也」，顯示出荀子認爲「禮」對於個人修養的重要性極大。

（二）樂

〈樂論〉，常將禮、樂並稱：

先王之道，禮樂正其盛者也。

故禮樂廢而邪音起者，危削侮辱之本也。故先王貴禮樂而賤邪音。

故先王導之以禮樂，而民和睦。

樂合同，禮別異，禮樂之統，管乎人心矣。

可見禮和樂的緊密關係，兩者在荀子眼中都屬於「文」的一種，如〈樂論〉所言：

故樂者審一以定和者也，比物以飾節者也，合奏以成文者也。

夫聲樂之入人也深，其化人也速，故先王謹爲之文。

「禮」、「禮義」、「禮節」以爲「文」的意義更是散落在《荀子》各篇：

禮之敬文也。（〈勸學〉）

禮節將甚文。（〈富國〉）

禮義以爲文。（〈臣道〉）

《說文解字》說：「文，錯畫也，象交叉」，從許慎對「文」的解釋，可知「文」是人類的某種活動，或是某種活動的產物。〔註25〕可見禮、樂一開始可能都跟祭祀有關，從荀子把「禮」視爲與人類的情欲的抒發相關來看，「樂」應該也是其相同的目的，〈樂論〉提到：

夫樂者、樂也，人情之所必不免也。故人不能無樂，樂則必發於聲音，形於動靜。

所以荀子確實將樂作爲人抒發情緒欲望的一種表達方式，那麼跟禮一樣，君王就可以使用樂來教化人心，〈樂論〉中又說：

故人不能不樂，樂則不能無形，形而不爲道，則不能無亂。先王惡其亂也，故制雅頌之聲以道之，使其聲足以樂而不流，使其文足以辨而不諰。

〔註25〕劉秋固：〈荀子禮樂的美學思想研究〉，輔仁大學哲學研究所碩士論文，1990，頁26。

所以君王制樂是為了解決人的情感過度所造成的混亂，荀子也把樂視為人的情欲合宜的表達方式。所以樂跟禮一樣都有從生活中陶冶人的情性的功能，並讓社會和諧，同〈樂論〉中所言：

> 故樂在宗廟之中，君臣上下同聽之，則莫不和敬；閨門之內，父子兄弟同聽之，則莫不和親；鄉里族長之中，長少同聽之，則莫不和順。

但是禮、樂還是有分別的，〈樂論〉提到：

> 且樂也者，和之不可變者也；禮也者，理之不可易者也。樂合同，禮別異，禮樂之統，管乎人心矣。

因為荀子的禮有分的概念，讓群體的人有地位階層的分別，所以必須以樂來讓社會和諧，人心穩定。所以說「樂」成為人們表達情感的形式，在長期的薰陶中，會使不同等級、地位的人在樂的欣賞中產生共鳴，並且延續到行動上，最終會有助於國家的和諧與穩定。〔註26〕筆者以為荀子一直把禮樂合稱，應是把樂當做是輔助禮的一種工具。禮所強調「分」就是一種界線，界線帶來的規範就會導致人產生壓力，而「樂」的功用就是用來調解和舒緩其所帶來的這種壓力。

（三）法

雖然禮在政治制度、社會生活與個人品德修養上都可以當做標準，但是禮卻缺乏了強制力。〈修身〉說：「學也者，禮法也」，因為「法」是由依循「禮」所制定的，可以說是作為推行禮的具體措施。〔註27〕所以法跟禮一樣也有滿足人欲望的目的，所以〈王制〉提到：

> 王者之法：等賦、政事、財萬物，所以養萬民也。

除了作為禮在滿足人欲望的具體措施的功用外，法也有另一個功用。《說文》中說：「法，刑也」。對照〈王霸〉中說：

> 百吏畏法循繩，然後國常不亂。

〈富國〉也提到：

> 由士以上則必以禮樂節之，眾庶百姓則必以法數制之。

說明了「法」的主要對象是沒辦法用禮樂規範的一般百姓，利用的就是他們

〔註26〕 王穎：《荀子倫理思想研究》，黑龍江：人民出版社，2006，頁199。

〔註27〕 楊秀宮：《孔孟荀禮法思想的演變與發展》，臺北：文史哲出版社，2000，頁159。

對法的畏懼。而且可以在〈正論〉一書中看到荀子強調法的刑度要重：

　　凡刑人之本，禁暴惡惡，且徵其未也。

　　殺人者不死，而傷人者不刑，是謂惠暴而寬賊也，非惡惡也。

「徵其未」是指懲罰其未來。〔註28〕刑罰過輕就無法讓人因畏懼而達到想要的約束力量，甚至不知道自己犯的錯誤有多嚴重，將會大亂，所以〈正論〉中說：

　　以爲人或觸罪矣，而直輕其刑，然則是殺人者不死，傷人者不刑也。

　　罪至重而刑至輕，庸人不知惡矣，亂莫大焉。

那麼荀子就把「法」提高到將社會由亂轉爲治的一種手段，〈正論〉提到：

　　刑稱罪則治；不稱罪則亂。

這一段乍看之下跟法家的觀點類似，但是〈非十二子〉可看到荀子對法家的批評：

　　尚法而無法，下修而好作，上則取聽於上，下則取從於俗，終日言
　　成文典，反紃察之，則倜然無所歸宿，不可以經國定分；然而其持
　　之有故，其言之成理，足以欺惑愚眾：是慎到田駢也。

荀子認爲法家的「法」沒有以「禮」作爲準則，使「法」的合理性不明確。所以〈富國〉中說明了荀子對於人民仍是強調要先以禮教導，不能不教化人民就直接用刑罰：

　　故不教而誅，則刑繁而邪不勝；教而不誅，則姦民不懲；誅而不賞，
　　則勤屬之民不勸；誅賞而不類，則下疑俗險而百姓不一。故先王明
　　禮義以壹之。

所以對荀子來說，先用禮來教育人民是最優先的；但是無法以禮教化的人，則就要使用法來給予規範。在荀子眼中，法可能是最快速能讓社會達到治的方法，但是還是必須以禮作爲基礎。

　　簡單的說，「禮」之形成，係出於社會文化之力量，故重「自律」，爲積極之興發人之道德；「法」則多出於國家的制定，故重「他律」，爲消極之禁制人之惡。〔註29〕〈王制〉中說：「法者、治之端也」，〈致士〉亦言：「故士之與人也，道之與法也者，國家之本作也」。荀子已經把法視爲國家達到治道

─────────────────

〔註28〕 王忠林：《新譯荀子讀本》，頁275。

〔註29〕 李哲賢：《荀子之核心思想──「禮義之統」及其現代意義》，臺北市：文津
　　　　出版社，1994，頁164。

的本作，〔註30〕所以國家要達到治道，已經無法與「法」做切割。

二、以現代社會的眼光看荀子的善

其實從荀子對禮、樂、法的解讀可看出，人的情性所衍生的欲望跟群體關係的拉扯就是治、亂的關鍵處。所以〈不苟〉中說：

> 故千人萬人之情，一人之情也。天地始者，今日是也。百王之道，後王是也。君子審後王之道，而論百王之前，若端拜而議。推禮義之統，分是非之分，總天下之要，治海內之眾，若使一人。故操彌約，而事彌大。五寸之矩，盡天下之方也。故君子不下室堂，而海內之情舉積此者，則操術然也。

〈禮論〉中也說：

> 使本末終始莫不順比，足以為萬世則，則是禮也。

說明了禮義的制定會隨著客觀情境的脈絡權衡與思量變化，所以社會規範會隨著時代改變而跟著改變，但是不變的是以禮義為原則，這是荀子學說中的一貫態度。在荀子的學說中，禮義屬於客觀的歷史，認知心則是表現理智的精神。但是因為過於強調禮義的客觀性，使得道德主體的彰顯、價值意識的自覺顯得薄弱，所以有學者認為性惡論正暴露了荀學的缺陷。〔註31〕筆者同意荀子認為禮義生於聖人，且強調禮義的客觀性，某種程度確實扼殺了大部分人的心具有道德覺醒能力的意味。但是這應該算是在經驗層面中，荀子所觀察到人若只依循情性，在群體中會發展出的問題。綜觀荀子學說至此，可以發現其學說探討的禮義，其實就是因應群的問題；而群的問題，就是社會的問題。人類的社會發展越複雜，越需要分工合作，並透過分工合作而產生不同的階級與團體，也可以說各團體是隱然的透過社會秩序的關係模式（Pattern of Relations）而形成的。〔註32〕

性惡論在表面上經由韓非採取任術而嚴法的手段，助秦之大統一，而被視為是荀學的弊病。〔註33〕實際上看來，李斯和韓非原來師學荀子，曲解荀學的性惡論並加上當時社會秩序的崩亂，導致法家崛起的過程也許並非荀子

〔註30〕 作，始也。見梁啓雄：《荀子簡譯》，頁185。

〔註31〕 韋政通：《荀子與古代哲學》，頁219～220。

〔註32〕 關永中：《朗尼根的認知理論《洞察》卷一釋義》，臺北市：哲學與文化月刊雜誌社，1991，頁314。

〔註33〕 韋政通：《荀子與古代哲學》，頁220。

一人之過，卻顯示了荀子所言的「惡」（偏險悖亂），就是立足在人自身無法去除的欲求，而這些欲求又是來自人天生自然的「性」。甚至可以說其實是荀子觀察到，人本身在社會發展的過程中，無法自我反省對社會的危害；也就是人自詡有高度的文明與進步的社會分工制度，卻又無法擺脫生物上的本性而危害社會秩序，甚至工於心計的想要在社會團體中得到一己的私利。所以，「性惡」中的「惡」（偏險悖亂），乃是荀子從是否合乎群體的「善」（正理平治），所下的判斷。

以現今的眼光來看，社會制度的分工該怎麼擺脫這些問題呢？其實現在的社會十分重視用「法」這個最低限度的道德標準來維持社會秩序，其概念就跟「性惡」的立論依據相近。比方說朗尼根（Bernard J. F. Lonergan, 1904～1984）所說的團體張力（Tension of Community），關永中將其稱為是團體中「情」與「理」的張力。關永中在《朗尼根的認知理論《洞察》卷一釋義》中說：「我們可以把個人的『神經』與『心靈』二原理，泛稱為『情』與『理』。」〔註34〕這裡的「情」和「理」可以對照荀子所言的「性情欲」和「理性」（心的形上義）來看，不只個人有「情」和「理」，團體中也被這兩個元素所維繫者。團體中的「情」，是指小團體或人際間的自發性，他根植於個人的情欲好惡，與主體本性上的自然流露；團體中的「理」，指大社會的法制體系，根植於人理智上的理性要求。〔註35〕所以用一個廣義的眼光來討論社會的「治」與「亂」，社會的「治」：指人際間自發的「情」、與大社會透過「理」而奠立的「法」能彼此滿求；社會的「亂」是指「情」、「理」、「法」之不配合，衝突尖銳化。〔註36〕而社會的法制會經過多次的修正、改革、甚至崩潰。但是法制崩潰之後必會出現新的法則，因為人永遠不會同意絕對無政府狀態（Complete Anarchy）。〔註37〕這裡要注意的是，朗尼根（Bernard J. F. Lonergan）所說的「理」，在團體來看可以視為荀子學說中的禮義或以禮義為標準的法度。但是依朗尼根（Bernard J. F. Lonergan）的本義來看，應該是比喻為以禮義為標準的法度會更為恰當。也就是說荀子認為會因時代而改變的社會規範，到了現在的社會來看，指的就是大社會的法制體系。

〔註34〕 關永中：《朗尼根的認知理論《洞察》卷一釋義》，頁301。
〔註35〕 關永中：《朗尼根的認知理論《洞察》卷一釋義》，頁302。
〔註36〕 同上，頁304。
〔註37〕 同上，頁303。

　　而荀子主張「法以禮為本」，將法律提升到道德倫理的層次，這似乎比一般認為「法律是最低限度的道德」，要來的積極。荀子提出以「樂合同、禮別異」的意思是說音樂體現人們和諧一致的原則，禮則體現社會等級制度的原則。因此，在禮樂與教化相偕並進的歷程中，禮樂作為教化之手段與內容，其實有著極為豐富的「社會倫理」。〔註38〕透過禮樂教化的人心，經由自身推廣到群體所形成的群體理性，作為制「法」的基礎，社會倫理才能具體的成為維持社會秩序的力量。荀子認為唯有禮義與禮法能落實於人倫秩序之中，使禮義與禮法成為政治與教化之工具，使人人得而遵循之，並奉為圭臬，社會才會合乎秩序而趨於安定。〔註39〕荀子以「性惡」為學說起點的用意，也就是想要強調社會要達到「善」，也就是「正理平治」標準，對於人的欲求必須有其強制性的限制。只是荀子認為以聖王制法的觀念，到了現在社會必須轉變成由群體中的人透過「理」去制定。可見社會規範的具體與客觀性是十分必要的，這一點中外皆然，而這也是想要在現代社會中讓荀學中的「善」成為可能的重要關鍵。

〔註38〕 曾春海、葉海煙、尤煌傑、李賢中：《中國哲學概論》，頁 237～238。
〔註39〕 同上，頁 361。

第五章 結 論

　　春秋戰國時代的政治紛亂，造就了思想史上的輝煌時期。孟子的「性善」、荀子的「性惡」、再加上告子提出「性無善無不善」的論調。〔註1〕讓先秦時期的人性論豐富而多元。孟子以心爲性，把人能認知禮義的部分當做性，所以言「性善」；荀子以人若順著性的發展，在社會表現出來是惡，所以言「性惡」；告子認爲「生之謂性」，只有生理上的自然表現（食色性也），所以言「性無善無不善」。〔註2〕此三派說法，各自成一格，無所謂對錯。如果能把此三人對於性的定義釐清，就會發現此三種說法彼此之間的立論各有依據。

　　先秦時期，探討的「性」已有對自身價值判斷的成分在，如告子言「性無善無不善」，孟子言「性善」。判斷善或不善，就必須要有標準，而人對於這個標準的建立和最後判斷的結果，必須要有一個完整的論述。所以，筆者以爲荀子把人性定義在「惡」上，是此三者之中最大膽也最有道德勇氣的，雖然有學者提出「後人尊孟而抑荀，無乃自放於禮法之外乎」。〔註3〕人能發現自己的不完美，進而願意承認自己的不完美，甚至提出如何改善自己的不完美，這不是最難能可貴的嗎？很多學者也許並非是私心想自放於禮法之外，但是就只因爲「性惡」一詞就全盤否認荀子的學說，其實是非常可惜的。荀子選擇「惡」這個字來作爲其學說的起點，讓「性惡」說成爲荀子被非議最多的學說，而依照《荀子》一書中的文采看來，可看出荀子擅長文學技巧，

〔註1〕李明輝：《孟子思想的哲學探討》，臺北市：中央研究院中國文哲研究所籌備處，1995，頁97。

〔註2〕王邦雄等：《孟子義理抒解》，臺北縣：鵝湖月刊雜誌社，1985，頁234。

〔註3〕廖名春：《荀子新探》，（緒論）頁5。

並且對於使用「名」的精確性十分重視，而在這樣的情況之下，荀子使用「惡」這個字，也就是將人行禮義的主動性和強調人應時時刻刻提醒自己需做道德實踐的部份，也全包含於內。而其目的是荀子希望人除了針對自身之外，還要檢視在「群」的範圍之內，對於「化性起偽」此一歷程的重視。所以在細讀荀子的學說之後，就會發現「惡」這個字的使用，表面上看似非常大膽；而其內涵意義，卻是處理的非常細膩。

荀子所談的「心」乃是化性起偽的關鍵。認為心有知、慮的能力，卻也往往被蔽患所蒙蔽。荀子提出人的心要達到虛、壹、靜，也就是「大清明」的境界，才能解蔽除惑，進而知「道」。荀子指出：「知道：察，知道：行，體道者也。」（《解蔽》），說明了認識事物的規律和道理，既要有思想認識上的透徹明察，又要有實際行動上的履行和體驗。〔註4〕而前述已提過荀子指出「道」就是禮義，而筆者以為這就是人文的價值。所以潘小慧提出荀學說中獨特的「解蔽心」，〔註5〕筆者以為這乃是成為道德實踐人的關鍵；這也是對於荀子著重於個人在道德方面的身體力行，所做的一個言簡意賅的論述。荀子特意把天和人的關係只維持在人是大自然所生成的這一部份，希望人要體認到，應該要為自己的社會秩序負責，而不是只一味的把社會的「治」、「亂」歸咎在天。所以荀子提出應該由心去化性起偽，替「性惡」的起點畫了一條路徑到終點「善偽」，也就是替人類社會中所發生的問題尋求解決之道。但是，「善偽」靠的是「積」的功夫，必須刻意用心並努力才可以達成，所以荀子提出「性惡」，本義是要強調人一定要有教化，所以禮義一直是他針對教化最強調的重點。「積偽」的功夫不是心一時達到大清明即可，而是要時時刻刻保持著大清明。但是外界的誘惑太多，能達到大清明已屬不易，又有多少人能維持著不變呢？看看多少人因為位居高位而利用職權，貪污而入獄的例子比比皆是，探其原因，不就是「積偽」的功夫不徹底、不持續嗎？

人不能無群，是社會發展的必然現象，人為了共同的生活目的而群居，是國家會形成的主因。荀子意識到群體與社會規範必須要有「禮」才能維持其恰如其份的和諧，這和希臘哲學史上的 physis 和 nomos 爭論，〔註6〕有某種

〔註4〕 曾春海、葉海煙、尤煌傑、李賢中：《中國哲學概論》，頁126。

〔註5〕 潘小慧：〈荀子的「解蔽心」──荀學作為道德實踐論的人之哲學理解〉，《哲學與文化（月刊）》第25卷，第6期，（289），1998年6月，頁516～536。

〔註6〕 姚厚介：《希臘哲學史2》，頁202～206。

程度上的親似性。雖說整個歷史的背景發展與詳細理論不同，人類為生存而群聚之後，究竟該依循本性？還是要堅守團體規範？抑或是在本性和團體規範中找出彈性或平衡點？似乎在人類社會的發展中也成了必經的過程。荀子提出「樂」來輔助「禮」抒發人的情感，也提出「法」作為最具強制性的具體規範，期望個人的化性起偽能推廣到群體，讓整個社會達到「善」。雖然說荀子重視「禮義」的教化甚於「法」，但是因為「法」是最快速且最有效的能達到社會中所須求的某些目標，所以「法」被推到了人類社會舞臺的最前方，成為主宰人類社會規範的第一主角。

「法」比起禮、樂來說，實在是一個讓人無法忽視其力量的社會規範。它的內容客觀、具體；它力量的快速、強大，以畏懼這個基本的情感意念建立起刑罰的立論基礎，注定了它與國家無法分割的關係。為了在群體中迅速有效的管理一大群人，強迫守法當做最低限度的道德禮義，這種狀況可能並不是荀子期待以禮義為準繩的社會。荀子提出「性惡」，就是早對人性在群體中會因無法節制欲望所造成的亂象觀察深入。而要從個人的「性惡」達到「善偽」，進而推廣到實現群體的「善」，就必須解決客觀性的問題。在群體中，人與人的關係很難單由禮義來判準的，每個人可能都對孝順的定義不同，對於子女的角色期待也不相同。每個人在社會上扮演的角色，其他人或群體的期待是什麼？沒有人可以確實掌握這個部分，荀子提倡禮義所形成的社會的「善」，而禮義的客觀效應，也就是「法」的崛起不是沒有原因的。

筆者在教育界的實際現場，觀察到的人都是六到十二歲左右的孩童，他們有時會偷吃別人的東西，或是偷藏起隔壁同學的筆。這些都是人的性順勢發展的結果，因為他們都可以算是順情性的「小人」，到學校來受教育就是學習如何能夠在群體中生活，認知哪些行為是符合或違反社會規範的。這一個歷程就正是荀子學說中「化性起偽」的歷程，若能透過教育讓他們成為「君子」，社會的善指日可待。只可惜在功利主義的今天，「化性起偽」的教育歷程卻變了調，筆者就聽過教育工作者自認是服務業，學生和家長是顧客，然後高唱「顧客永遠是對的」的論調。加以家長對孩子的過度溺愛，讓「以為人或觸罪矣，而直輕其刑，然則是殺人者不死，傷人者不刑也。罪至重而刑至輕，庸人不知惡矣，亂莫大焉。」(〈正論〉)直接在教育現場上演。團體霸凌、以強欺弱的現象比比皆是，學生就直接從學校就送進警局，再從警局進入司法程序，教育似乎失去了以禮義教化的功能。

在教育上常有人引用荀子的「性惡」一詞，但是可惜的是「化性起偽」這個關鍵的歷程在教育的現場被提起的次數卻相對來說少了很多。現今整個社會瀰漫著教育無用論，甚至認為直接用法治來教訓這些孩子，讓他們知道嚴重性，這不是「故不教而誅，則刑繁而邪不勝」（〈富國〉）嗎？人類文明走到今天，卻在禮義教化上走回頭路，看起來不只可笑，甚至可以說是可悲。也許現在要教育的不只是那些孩子，還有所有的社會大眾，過於重視法治的最低限度道德，無法承認自己的缺點，不想改進，只想順著情性等著法律來規範；尤有甚者，刻意找法律漏洞，讓自己躲在法律管不到的地方，這已經是整個人類社會的問題。而荀子的〈天論〉中，刻意強調的不求知天與不與天爭職，對照因人類破壞殆盡的大自然，開始反撲的凶猛力道來看，顯示出人們無法滿足的欲求所造成的危害，早就遠超過人類自己的想像。而到底哪些是人的能力所不及且不該的呢？是現代人開始深思的，而荀子早在幾千年前就已經對人類自身能力的限制有所體認，並提出人並非無所不知且無所不能的。

荀子學說中，「性惡」是為了相對於「善」來看，也就是強調人在化性起偽歷程中的主動性；甚至可以說荀子提出的「性惡」，相對於「善偽」，是一種道德自我覺醒的警惕。所以在教育現場，筆者總是告訴孩子們要相信自己，是有能力可以實現自己的理想，切莫低估或否定自己的能力與價值。而從荀子把「性惡」當做學說的起點來看，這會鞭策著人們思考自身要實現「善」是需要努力和決心的；再者，而人在實現這個理想的時候，能察覺自身的缺陷與發覺自身能力的不足，並且尋求改進，而這也就是來自於心的「肯不肯」、「為不為」，這應該是在教育現場中應該被強調的一個重點，也就是能否教育人們成為道德實踐人的關鍵。所以荀學中所言「性惡」，並非其學說的重點，卻是荀學中對於人自身的欲求和群體的「善」相互衝擊時，探討其關係的一個關鍵；這就是人能自覺對於自身欲求無節制在社會上會有嚴重的危害，且對其相對於群體秩序的規範呈現出「惡」，所做的一個反省。所以與其說「性惡」是荀學的缺陷，不如說「性惡」是人性自身與社會倫理相衝突時所無法避免的問題，恐怕應更為貼切。

荀子學說中的「善」，是一個遠大的理想。裡面有具有理想人格的聖王，經由化性起偽這個理想的歷程，進而建構出一個達到治的理想社會。如果說孟子的「性善」是在理想中論人性，那麼荀子的「性惡」就是在現實中論人

性。但是，此二者都是希望社會能達到正理平治的理想狀態，那麼荀子的學說可以說是想從現實躍升到理想；比起孟子從理想到理想的學說基礎，現實與理想的拉扯；現實躍升到理想，這種力道和反差十分驚人，但是這也是荀子學說中最值得人探究的地方。筆者雖然已全力理解荀子的思想，也試圖提出自己的詮釋，並做出一些判斷。對於眾多學者的論述感到佩服，也學習到做學問的基礎功夫並非一朝一夕可達成，必須要能廣泛涉獵、旁徵博引、並能判讀其間的聯繫，才能使學術研究更完善。本論文中確實還有很多地方都還需要改進，許多想法或許處理得不盡完善，表達與描述的能力尚未達精準的境界。但是總算是將荀子學說中以「性惡」此一起點對照來看「善」的實現，把「心」在「化性起偽」的歷程中，其能力的主動性與限制性；還有其中關鍵的自由意志與道德實踐的聯繫，做了概略的分析，期盼能更了解並貼近於荀子學說的要義。

參考書目

一、荀子典籍

1. 王天海：《荀子校釋》，上海：上海古籍出版社，2005。
2. 王先謙：《荀子集解》，北京：中華書局，1996。
3. 王忠林：《新譯荀子讀本》，臺北市：三民書局，1972。
4. 李滌生：《荀子集釋》，臺北市：臺灣學生書局，2000。
5. 梁啓雄：《荀子簡譯》，臺北：木鐸出版社，1983。
6. 陳殿爵等：《荀子逐字索引》，香港：商務書局，1996。
7. 熊公哲：《荀子今註今譯》，臺北市：臺灣商務印書館，1980。

二、書籍

1. 王邦雄等：《孟子義理抒解》，臺北縣：鵝湖月刊雜誌社，1985。
2. 王國維：《觀堂集林》，臺北市：河洛圖書出版社，1975。
3. 王穎：《荀子倫理思想研究》，黑龍江：人民出版社，2006。
4. 白奚：《稷下學研究——中國古代的思想與百家爭鳴》，北京，生活・讀書・新知三聯書局，1998。
5. 牟宗三：《才性與玄理》，臺北：學生書局，1979。
6. 牟宗三：《中國哲學的特質》，臺北市：臺灣學生書局，1984。
7. 牟宗三：《牟宗三先生全集2》，《名家與荀子》，臺北市：聯經出版公司，2003。
8. 李杜：《中西哲學思想中的天道與上帝》，臺北市：聯經出版社，1978。
9. 李明輝：《孟子思想的哲學探討》，臺北市：中央研究院中國文哲研究所籌備處，1995。

10. 李哲賢：《荀子之核心思想——「禮義之統」及其現代意義》，臺北市：文津出版社，1994。

11. 李澤厚：《中國古代思想史論》，臺北縣樹林鎮：漢京文化出版社，1987。

12. 汪斯丹博根著，李貴良譯：《知識與方法之批判》，臺北：臺灣商務印書館，1967。

13. 周群振：《荀子思想研究》，臺北市：文津出版社，1987。

14. 林麗娥：《先秦齊學考》，臺北市：臺灣商務印書館股份有限公司，1992。

15. 金岳霖：〈道、自然與人〉，《道、自然與人——金岳霖英文論著全譯》，北京：三聯書局，2005。

16. 姚厚介：《西方哲學史》，第二卷，《古代希臘與羅馬哲學（下）》，南京：鳳凰出版社，江蘇人民出版社，2005。

17. 姚厚介：《希臘哲學史 2》，北京：人民出版社，1997。

18. 胡家聰：《稷下爭鳴與黃老新學》，北京：中國社會科學出版社，1998。

19. 胡適：《中國哲學史大綱》（外一種），河北：河北教育出版社，2002。

20. 韋政通：《荀子與古代哲學》，臺北市：臺灣商務印書館，1992。

21. 唐君毅：《中國哲學原論‧原性篇》，香港：新亞書院研究所，1968。

22. 唐君毅：《唐君毅全集》，卷十二，《中國哲學原論‧導論篇》，臺北市：臺灣學生書局，1991。

23. 唐君毅：《唐君毅全集》，卷十三，《中國哲學原論‧原性篇》，臺北市：臺灣學生書局，1991。

24. 徐復觀：《中國人性論史‧先秦篇》，臺北市：臺灣商務印書館，1978。

25. 馬克思，恩格斯著，中共中央馬克思，恩格斯，列寧，斯大林著作編譯局編：《馬克思恩格斯選集》，北京：人民出版社，1995。

26. 張岱年：《中國哲學大綱》，臺北：藍燈文化事業股份有限公司，1992。

27. 曾春海、葉海煙、尤煌傑、李賢中：《中國哲學概論》，臺北市：五南出版社，2005。

28. 郭沫若：《郭沫若全集‧歷史編》，《先秦天道觀之進展》，北京市：人民出版社，1982。

29. 陳大齊：《荀子學說》，臺北：中國文化大學，1989。

30. 陳飛龍：《孔孟荀禮學之研究》，臺北市：文史哲出版社，1982。

31. 陳望衡：《中國古典美學史》，臺北市：華正書局，2001。

32. 傅佩榮：《儒道天論發微》，臺北市：臺灣學生書局，1985。

33. 傅斯年：《性命古訓辯證》，桂林：廣西師範大學出版社，2006。

34. 勞思光：《中國哲學史》，臺北：三民書局，1981。

35. 馮友蘭：《中國哲學史》，北京：中華書局，1992。

36. 馮達文：《早期中國哲學略論》，湛江市：廣東人民出版社，1998。

37. 楊秀宮：《孔孟荀禮法思想的演變與發展》，臺北：文史哲出版社，2000。

38. 楊承彬：《孔、孟、荀的道德思想》，臺北市：臺灣商務印書館，1992。

39. 廖名春：《荀子新探》，臺北：文津出版社，1994。

40. 蔡仁厚：《中國哲學史綱》，臺北市：臺灣學生書局，1988。

41. 蔡仁厚：《孔孟荀哲學》，臺北市：臺灣學生書局，1984。

42. 錢穆：《先秦諸子繫年下冊》，臺北市：香港大學出版社，1956。

43. 龍宇純：《荀子論集》，臺北：學生書局，1987。

44. 羅光：《羅光全書》，六冊，《中國哲學思想史‧先秦篇》，臺北市：臺灣學生書局，1996。

45. 羅根澤：《諸子考索》，北京：人民出版社，1958。

46. 譚宇權：《荀子學說評論》，臺北市：文津出版社，1994。

47. 關永中：《朗尼根的認知理論《洞察》卷一釋義》，臺北市：哲學與文化月刊雜誌社，1991。

48. 嚴靈峰：《無求備齋學術新著》，臺北市：臺灣商務印書館，1987。

三、期刊論文

1. 方旭東：〈可能而不能──荀子論爲善過程中的意志自由問題〉，《哲學與文化（月刊）》第 34 卷，第 12 期，（403），2007 年 12 月，頁 55～68。

2. 王中江：〈人類如何善待「自然」──金岳霖哲學中的「天人之際」與「天人合一」關懷〉，《哲學與文化（月刊）》第 38 卷，第 5 期，（444），2011 年 5 月，頁 327～52。

3. 杜保瑞：〈荀子的性論與天論〉，《哲學與文化（月刊）》第 34 卷，第 10 期，（401），2007 年 10 月，頁 45～64。

4. 張勻翔：〈本於立人道之荀子「不求知天」與「知天」觀之智德內涵〉《哲學與文化（月刊）》第 34 卷，第 12 期，（403），2007 年 12 月，頁 69～86。

5. 梁濤：〈先秦儒家天人辯證觀──從郭店竹簡談起〉，《哲學與文化（月刊）》第 33 卷，第 1 期，（380），2006 年 1 月，頁 123～142。

6. 陳福濱：〈荀子的教育思想及其價值〉，《哲學與文化（月刊）》第 34 卷，第 12 期，（403），2007 年 12 月，頁 5～20。

7. 曾振宇：〈荀子「天」論百年誤讀與反撥〉《哲學與文化（月刊）》第 34 卷，第 10 期，（401），2007 年 10 月，頁 65～84。

8. 劉振雄：〈荀子「性惡」說芻議〉，《東華人文學報》第六期：東華大學人

文社會科學學院，2004 年 7 月，頁 57～92。

9. 潘小慧：〈荀子的「解蔽心」——荀學作為道德實踐論的人之哲學理解〉，《哲學與文化（月刊）》第 25 卷，第 6 期，（289），1998 年 6 月，頁 516～536。

10. 潘小慧：〈從「解蔽心」到「是是非非」：荀子道德知識論的建構及其當代意義〉，《哲學與文化（月刊）》第 34 卷，第 12 期，（403），2007 年 12 月，頁 41～54。

11. 蔡錦昌：〈柔細的「一」與粗硬的「一」——評德國漢學界的兩種荀子研究〉，《漢學研究》第 25 卷，第 2 期，（總號第 51 號），2007 年 12 月，頁 347～364。

四、學位論文

1. 吳振隆：〈荀子人性論思想研究〉，輔仁大學哲學研究所碩士論文，1973。

2. 李瑩瑜：《荀子內聖外王思想研究》，中興大學中國文學研究所碩士論文，2002。另收錄於林慶彰主編，《中國學術思想研究輯刊》，臺北縣永和市：花木蘭文化出版社，2009。

3. 林耀麒：〈荀子心性論之研究〉，輔仁大學哲學研究所碩士論文，2010。

4. 范家榮：〈荀子論「心」之學的研究〉，輔仁大學哲學研究所碩士論文，2005。

5. 徐川惠：〈論「荀子」由智達德之如何可能？〉，南華大學哲學研究所碩士論文，2008。

6. 殷正淯：〈從新出楚簡〈性自命出〉論荀子人性論〉，輔仁大學哲學研究所碩士論文，2007。

7. 張勻翔：《攝王與禮、攝禮於德——荀子之智德及倫理社會架構之意涵》，輔仁大學哲學研究所博士論文，2008。另收錄於林慶彰主編，《中國學術思想研究輯刊》，臺北縣永和市：花木蘭文化出版，2010。

8. 趙玲玲：〈先秦儒道兩家形上思想的研究〉，輔仁大學哲學研究所博士論文，1974。

9. 劉文郎：〈荀子人性論之學理基礎研究〉，輔仁大學哲學研究所博士論文，1993。

10. 劉秋固：〈荀子禮樂的美學思想研究〉，輔仁大學哲學研究所碩士論文，1990。

11. 潘小慧：《從解蔽心看荀子的知識論與方法學》，輔仁大學哲學研究所碩士論文，1986。另收錄於林慶彰主編，《中國學術思想研究輯刊》，臺北縣永和市：花木蘭文化出版，2009。

12. 戴立仁：〈荀子「天」論思想研究〉，輔仁大學哲學研究所碩士論文，2001。

13. 魏元珪：〈孟荀道德哲學之比較研究〉，輔仁大學哲學研究所博士論文，1980。

14. 鐘曉彤：〈荀子的人性論與理想社會研究〉，東吳大學哲學研究所碩士論文，2008。

五、會議論文

1. 潘小慧：〈「荀子：「性惡」，「善」何在？」〉，輔仁大學第二屆天主教學術國際研討會：人、文化與超越的跨領域對話，新北市：輔仁大學天主教學術研究院，2011 年 05 月 21 日。

後　記

　　我因為深受喜愛文學的父親影響，對於文學中的思想辯證，一直有著濃烈的興趣。高中時，因為考量家中經濟因素，覺得選擇理工類組，出社會後能有較多的工作機會，所以就這樣進入新竹師範學院的數理教育學系就讀。

　　進入職場之後，無法完全忘懷原本所好，便選擇進入天主教輔仁大學哲學碩士班進修。一開始，先學習如何整理資料，也就是所需要研究的學者的生平資料和學說概略理解，接著再將其思想的哲學意義作簡單的分析。最後才開始練習比對不同學者間的相關或相異之處。這些都是在輔大修習課程時，在丁原植教授的指導下所完成的初步練習作業。因為他極具耐心與嚴格的要求，讓完全沒有哲學底子的我，進步許多。

　　潘小慧教授指導我寫《從荀子的性惡論看「善」的實現》的期間，不厭其煩的與我反覆討論、推薦相關書籍、甚至不吝惜的分享她的學術研究，對當時仍舊在小學職場工作的我，省卻了許多自行摸索時間。

　　有人說，學術研究是一條孤獨的路。我很慶幸，有兩位好老師，陪我同行。

德與性的統一：孟子的人禽之別

鄭長佑　著

作者簡介

　　鄭長佑，1975 年生於台中市。1993 年畢業於台中一中，1998 年畢業於國立新竹師範學院
（現為國立清華大學竹師教育學院）數理教育學系，2016 年畢業於輔大哲學系碩士在職專班。
　　現職為新北市新莊區裕民國小教師。

提　要

　　孟子言「性善」，人們一直爭論其真實意義為何。其實若從孟子的學說中的「人禽之別」切
入，就能察覺其學說的最精妙處。細觀孟子的「人禽之別」時，孟子已說明「人禽之別」所表
現的第一步，就是孝悌倫理，也就是在家庭親情間發揮其善端。而此善端在孟子眼中來自「本
心」，是人天生自然而擁有的。所以孟子學說中的重點並不是「性善」，「性善」只是將「人之
所以為人」的意義推崇到一個至高的境界。也就是說孟子建立「人禽之別」的認知時，必須確
立在人乃是求於內的道德主體性，那論人異於禽獸的獨特之處，「性善」就成為必然。

目

次

第一章 緒 論

第一節 研究動機

筆者在小學的教育現場工作已經滿十六年，在這十六年來，看到的教育現況的轉變，快速到幾乎讓人喘不過氣。以往的家長大多會希望老師能提出孩子在群體生活下與他人相處較不適當的行為，如自我中心、搶東西。然後盡量能在進入社會化的歷程前，讓每個孩子針對自己的個性和特質，能夠認知並反省哪些行為才是符合社會規範。但是，這幾年的狀況起了極大變化，小孩犯了錯或行為不恰當，就會出現父母為孩子提出，孩子的自身無法控制是很正常的。所以認為孩子就是看到喜歡的東西就會想要，這種缺點沒辦法改，應該要得到大人的諒解。但是越多孩子在這樣的氛圍下認知自己的行為，可以在不恰當的狀況下該被他人原諒的基礎上，而摒除了被原諒之後的反省。孩子間彼此的衝突也與日遽增，有幾次的嚴重狀況甚讓家長互相指責，甚至認為學校、老師、同學都有過錯，覺得孩子全部都是被別人帶壞的。有時候處理相關事件的時候，都不禁懷疑人性究竟是善還是惡？當初覺得教導年紀越小的孩子應該是越容易使他向善，相信「性善」的那個熱誠，逐漸在現實中削弱殆盡。

筆者曾看過黑格爾（Georg Wilhelm Friedrich Hegel, 1770～1831）說過：「有人以為，當他說人本性是善的這句話時，是說出了一種很偉大的思想；但是他忘記了，當人們說人本性是惡的這句話時，是說出了一種更偉大得多的思想。」〔註1〕可以看得出來，黑格爾是推崇「性是惡」勝於「性是善」。教育

〔註1〕馬克思，恩格斯著，中共中央馬克思，恩格斯，列寧，斯大林著作編譯局編：《馬克思恩格斯選集》，北京：人民出版社，1995，頁237。

現場中也因為這些令人窒息的轉變，也有許多人主張孩子的紛爭，可以直接進入司法程序解決，似乎也出現相信「性是惡」勝於「性是善」的趨勢。但是「性是善」此一說法真的是毫無價值嗎？我們自然會想到中國哲學中，荀子「性惡」與孟子「性善」的爭論。教育現場的大多數孩子都是善良可愛的，也大多數願意一直往好的品德修養前進。但是，筆者不得不承認，有極少數的孩子出現的行為，加以家長認為那只是順其人格特質的行為，進而否定教育中有一個重要的任務，就是使其受教育者能遵守社會秩序的要務。

當然，荀子的「性惡」是不是如表面上看來直接解釋為人性本惡這麼簡單，還有待商榷。畢竟荀子學說中另一個重點是「化性起偽」，這個說法蘊含著人有自省錯誤的能力、並且相信人本身有實現善的潛能。那麼孟子說的「性善」呢？也是如表面上看來直接解釋為人性本善這麼簡單嗎？畢竟言性為「善」比起言性為「惡」更能強調「人之所以為人」的價值與獨特。所以在孟子學說中的「人」，在「性善」的說法下，更有能行「道德實踐」的內化動力意味。在中國哲學中，「性」多指先天所有，那孟子如何在學說中呈現出人之「德與性的統一」歷程，進而確立「人禽之別」的意義，肯定教育上「成德功夫」的力量，必能教育出「道德實踐人」的終極理想？這些問題引起了筆者的興趣，想循著孟子學說中性善、成德功夫的關係，重新認識「人禽之別」，重拾教育對於「人之所以為人」的意義與信心。

第二節　研究目的

筆者以為孟子提倡「性善」的目的乃是要確立「人禽之別」，除了針對個人，也顯然推廣到「社會實踐」與「政治實現」，也就是孟子學說中的「義利之辨」與「王霸之分」，形成孟子著名的「三辨之學」（註 2）。所以本文先從性的定義作分析，將《孟子》中廣為人知的「孟告論性」做探究，最後把孟子心性論的精華，「即心言性」與「善性本具」做較為深入的理解。務期確實掌握孟子所言「性善」的意義與實質內涵。再經由荀子對於人的心的能力所做的探討，進而瞭解人與禽獸的分別；再透過釐清為何孟子要強調「性善」，深思人的價值就是確立在「人所以異於禽獸」的獨特性。接著探討孟子的心論與成德功夫，從心的意義開始，把孟子視為人心最重要的「四心」如何到

〔註 2〕袁保新：《孟子三辨之學歷史省察與現代詮釋》，台北：文津出版社，1992，頁 9。

達「四端」的狀態做理解。再探究「孟子的成德功夫」，孟子的盡心、存心說的是「盡乎此心之量」與「操存其心」，養氣說的是養「平旦之氣」爲「浩然之氣」。並讓「志」帥氣而行，不受外物影響，所以談「寡欲」、「貴大體」。最後，也是孟子的自我內在警示，當心無法做到「寡欲」、「貴大體」，陷溺在物質欲望之中，如何在內「求其放心」。

　　所以，荀子雖言「性惡」，其對於人的心有能力實現「善」的此一理想來看，絕不亞於倡言「性善」的孟子。但是相對孟子也講「心善即性善」，卻獨鍾使用「性善」，可以確定絕對比起荀子言「性惡」來說，更重視、更推崇人的價值。孟子雖然在現實的經驗中被指談論「性善」，實在是過度理想化。這一個被稱爲過於理想化的「性善」，卻也呈現出孟子對於人的價值肯定，有多麼堅定的信念。筆者以爲應將孟子所重視的仁義禮智，在現今社會中用教育的方式內化於每個人的心中是最實際的。所以本論文試著在孟子的學說中，釐清在現實與理想之間的拉扯，並探究其學說的眞正核心，也就是如何讓「人禽之別」的價值在社會國家制度下實現，進而探索出其學說在現今社會中的實際價值。

第三節　研究方法

　　本論文首先採用資料蒐集法，先蒐集各家對於《孟子》一書的相關註釋與論述，資料蒐集法能幫助筆者劃分出各種類型的論述，才能進一步運用概念分析法去探究《孟子》一書中的提出的核心概念是什麼？想要解決的問題又是什麼？其最終的目的又是什麼？這些乃是本論文提出並探究的議題。

　　雖說《孟子》中的「性善」一直被解讀爲「人性本善」居多，但是筆者細讀《孟子》之後，則有不同的看法。《孟子》一書中的「性善」其實是以「即心言性」爲基本立場導出「心善即性善」，所以其中所言「性善」應是指「性有善端」，事實上探討的就是如何把心性中像小火苗般的「善端」，點燃爲熊熊烈火，進而發揚光大，推廣到社會國家。所以筆者以爲「性善」是孟子學說的起點，「人禽之別」才是重點，「義利之辨」是實踐到人生活上的重要價值，理想是以「王」，而非「霸」建立的國家。所以孟子學說中認定人的獨特價值是「性善」，其關鍵在於「心」與其成德功夫，所以筆者花了較大的篇幅處理了孟子學說中「心」的意義，並針對其能力的定義與概念作說明，大多

以原典文獻比對各家學者的說法，佐以自己的理解，盡量裁選既不違背原典本意，又能與《孟子》各篇章有相通之處的說法。並佐以孟子所承繼的孔子學說，作爲其學說的輔助解說；也把與孟子所相對的荀子學說，作爲對照，以期能更瞭解孟子學說中的眞義。並兼有運用先秦時期其它諸子說法來解讀孟子學說，如用善於講「氣」的莊子學說用來比對孟子的「氣」，或善於講「義利」的墨家學說來比對孟子的「義利之辨」。

另外，孟子的「性命對揚」把生理欲望歸爲「得之有命」，也就是人對於自身欲求不是要節制或疏導，而是要不強求，要順其自然，是孟子學說的特點。孟子論「氣」，是「人禽之別」的重要依據，所以對於孟子的「氣」也做了較爲深入的探析。再來，孟子把「天」和人的「命」的關係定位到人道源自天道，所以人要「與天合德」，所以釐清孟子學說中「天」的意義，有助於瞭解孟子學說中把心性視爲人異於禽獸的獨特之處，也就是孟子認爲心性的能力需要「盡其量」、「操其存」，甚至要能在自我之內「求其放心」。所以本論文一開始從引發筆者研究動機的「性善」相關篇章開始，如〈告子上〉。再將以比對：《孟子》上的重要核心，如「性」、「心」「命」、「氣」、「天」⋯⋯等字，採用概念分析法，使得《孟子》一書中的各個重要字義，藉由前人的研究成果，來論述其理解、澄清並試著整合《孟子》其它篇章的相似說法。此外，因爲《孟子》中的「善」出現較多次，所以採用統計比較法，確定該關鍵字的用法，務求對《孟子》一書的瞭解更有其可信度，進而對文獻做出詮釋。

第四節　研究範圍

一、孟子生平

孟子名軻，字則未聞。〔註 3〕錢穆說：「世傳孟氏譜，孟子以周定王三十七年四月二日生，赧王二十六年正月十五日卒，壽八十四歲。此譜未詳來歷。周定王無三十七年。又謂孟子生當孔子後三十五年，則爲貞定王二十五年。然孟子生年絕不如此之早。或謂定乃安字之訛。安王在位二十六年，下至赧王二十六年，凡八十八年。謂孟子壽八十四歲，逆推當生於烈王四年。後人

〔註 3〕羅根澤：《諸子考索》，北京：人民出版社，1958，頁 369〜370。

多信其說。爲譜記生年既不足信，則其記卒年及壽數未必盡可信。今捨其生年，據其卒年與其壽數而更推其生年，其未必信明矣。」〔註4〕說明孟子的生卒年與壽數均未有確實的說法。東漢趙歧在《孟子題辭》中說：「孟子，魯公族孟孫之後，故孟子仕於齊，喪母而歸葬於魯。」孟子喪母歸葬於魯，一方面說明當時流行葉落歸根的習俗；另一方面，也說明孟子尚待遷移鄒國的時間不會太長。總之，不論從孟子的居住的地理條件來看，還是從他的家庭血緣來看，他與魯國爲代表的周文化確實存有某種歷史的淵源關係。孟子在三歲便死了父親，家境清寒，母子相依爲命，艱苦度日。據漢代劉向的《烈女傳》記載，孟母是一極有見識又很會教育子女的人。孟母教子的傳說故事中，以「孟母三遷」、「殺豚不欺子」、「斷織教子」最爲人知。〔註5〕所以，我們可以確定孟母施教的方式對於孟子的成長與思想影響極大，良好的環境使孟子在禮儀的薰陶下，養成了誠實不欺的人格、建立堅韌刻苦的求學意志，爲孟子對於儒家思想的研究上，打下了堅實且穩固的基礎。

在戰國時期，「諸侯異政；百家異說」《荀子‧解蔽》，孟子以承繼孔子道統自居，實系韓非所謂「儒分爲八」《韓非子‧顯學》的一派。〔註6〕所以有人認爲《老子》中的「含德之厚，比於赤子」、「專氣致柔，能嬰兒乎」、「常德不離，復歸於嬰兒」中，所讚揚「赤子」保持其善良純樸，比起《論語》中所言「舉善而教不能，則勸」、「見善如不及，見不善如探湯」等數處對於「善」的論述，更接近孟子「性善」的意義。〔註7〕但是，孟子實際對孔子不只以承繼孔子道統自居而已，他對孔子的欽佩與推崇在《孟子》可看到：「出於其類，拔乎其萃，自生民以來，未有盛於孔子也。」(〈公孫丑2〉)〔註8〕。甚至孟子弟子在孟子晚年時問起孟子的願望，孟子仍說：「乃所願則學孔子也」。孟子如此欽佩孔子，但是卻無緣直接或間接被收於孔子門下，因爲孟子上學之年，孔子的弟子均已逝世，所以孟子說：「予未得爲孔子徒也，與私淑諸人也。」〔註9〕孟子三十歲左右收徒講學，四十多歲時周遊列國，六十多歲

〔註4〕 錢穆：《先秦諸子繫年下冊》，臺北市：香港大學出版社，1956，頁187。
〔註5〕 龔群、焦國成編著：《儒門亞聖：孟子》，台北市：昭文社，1997，頁2～3。
〔註6〕 胡家聰：《稷下爭鳴與黃老新學》，北京：中國社會科學出版社，1998，頁91～93。
〔註7〕 胡家聰：《稷下爭鳴與黃老新學》，頁84。
〔註8〕 本論文關於《孟子》原文的引用，均以篇名加上排序(如本處的〈公孫丑2〉)做爲出處註明。
〔註9〕 龔群、焦國成編著：《儒門亞聖：孟子》，頁7～9。

時著書立說，整個人生對於學術的貢獻方式，都是師法孔子。所以，孟子在學說內容上是不是真的算是承繼孔子道統的正統，看法可能因人而異；但是在興學與推行學說的路途上，孟子確實徹底的貫徹孔子的精神，這是無庸置疑的。

二、前人研究文獻資料探討

　　筆者研究的主要範圍是《孟子》一書，其中以〈告子上〉、〈告子下〉、〈盡心上〉、〈盡心下〉這幾篇為主，探討的較多也較為深入。《孟子》的原典中有些字的更動和斷句上的爭議，則以焦循的《孟子正義》與朱熹的《四書集註》為主，輔以史次耘的《孟子今註今譯》和王邦雄、曾昭旭、楊祖漢的《孟子義理疏解》等書排除其文字上解讀上的疑慮。內容深究的部份，則參酌相關的通書類和專著類，如：唐君毅的《中國哲學原論・原性篇》、勞思光的《中國哲學史》卷一、羅光的《中國哲學思想史》等書乃屬通書類；如：滕春興的《孟子教育哲學思想體系與批判》、袁保新的《孟子三辨之學歷史省察與現代詮釋》、龔群、焦國成編著的《儒門亞聖：孟子》、楊照的《孟子：雄辯時代的鬥士》，等書則屬於專著類。另外也參酌相關的學位論文與期刊論文，如張怡琦的〈孟子心性義理之探究〉、林淑燕的〈孟子生命哲學之探析——以「心、性」為核心〉等為學位論文；如伍至學的〈亞里斯多德之形而上學結構分析〉、張匀翔的〈本於立人道之荀子「不求知天」與「知天」觀之智德內涵〉、劉振雄的〈從「性善」到「性本善」——一個儒學核心概念轉化之探討〉與潘小慧的〈荀子的「解蔽心」——荀學作為道德實踐論的人之哲學理解〉等為期刊論文。此外，還少量參酌一些西方哲學的論述便於從不同於中國哲學的觀點做些許比較，如潘小慧的《四德行論》、汪斯丹博根著，李貴良譯的《知識與方法之批判》、傅偉勳的《西洋哲學史》，以及姚厚介所著的兩本書，《希臘哲學史 2》與《西方哲學史》，第二卷，《古代希臘與羅馬哲學（下）》，便是屬於此類。

第二章　孟子的性論

第一節　性的定義

一、性的原義

　　《說文解字注》解釋「性」這個字的時候提到說：「性，人之陽氣，性善者也。從心生聲。」〔註 1〕從文字的發展歷程來看，「性」是會意字，乃是由「生」和「心」組合而成。而在已考認的甲骨文中，尚未見有「性」字，但已有生、心二字單獨出現。〔註 2〕也就是說性這個字是由兩個關係緊密的象形文字結合而成的，其基本字義仍為生長，如張立文說：「由於人們觀察事物的視野逐漸擴大，生被用來表示各種事物的產生和成長，如人和動物的降生、各種事物的出現以及事物現象的顯露等等。事物的特性是隨著事物的產生出現的，並且只存在於該事物發展過程本身，與該事物的生滅相始終。」〔註 3〕性這個字的概念是從生這個字衍生而來的觀點來檢視，可以發現這裡已經展現出人有某種意識，認為人或物的內在本性乃是與生俱來的。所以可以理解的是在先秦時期，「生」和「性」是通用的，都寫做「生」。另一方面，「以生釋性」乃是孟子當時或以前所流行的訓釋。〔註 4〕

　　然而，「人身之生，在於心」（《說文解字部首訂》）。人體的產生，不僅是

〔註 1〕　（漢）許慎撰；（清）段玉裁注；王進祥注音：《說文解字注》，台北：鼎淵文化事業有限公司，2003，頁 502。

〔註 2〕　張怡琦：〈孟子心性義理之探究〉，輔仁大學哲學研究所碩士論文，2007，頁46。

〔註 3〕　張立文：《性》，北京：中國人民大學出版社，1996，頁 18～19。

〔註 4〕　傅斯年：《性命古訓辯證》，桂林：廣西師範大學出版社，2006，頁 59～67。

軀體的形成，更重要的是心的出現。「心者，人之本也，身之中也，與人俱生。」（《說文系傳通論》）甲骨文和金文的心字皆像人和心臟動物之形。心既表示人的心臟，又表示人的心理、意識和精神。人之所以爲人，在於他是萬物之靈，具有動物所沒有的思維能力和思想精神。對於人的內在本性的認識，主要不是考察人的形體器官，而是考察人的心理、意識和精神。心爲身之本，就在於心理、意識和精神是人之所以爲人的根本。因此，認識人性，重要的是認識人心。人性與人心緊密相連，這種思路導出了「性」字。性字從心從生，首見於晚周典籍。〔註5〕

二、孟告論性

孟子對於「性」的意義與討論，在與告子的辯論中可見其清晰的脈絡。所以要對孟子的性論有所瞭解，就必須回歸《孟子》原典去尋找。從〈告子1〉中可以找到這一段：

> 告子曰：「性，猶杞柳也；義，猶桮棬也。以人性爲仁義，猶以杞柳爲桮棬。」

> 孟子曰：「子能順杞柳之性而以爲桮棬乎？將戕賊杞柳而後以爲桮棬也？如將戕賊杞柳而以爲桮棬，則亦將戕賊人以爲仁義與？率天下之人而禍仁義者，必子之言夫！」

《說文解字注》解釋「戕賊」兩字的意義爲：「賊，敗也。敗者，毀也。毀者、缺也。從戈則聲，戕，槍也。槍者、距也。距爲相抵爲害。它國臣來弒君曰戕。從戈爿聲。」〔註6〕所以整段文章的意思是告子認爲人生的本性，如同杞柳一般；世間的仁義，如同杯盤一樣。以人性來勉強行仁義，就像將杞柳來勉強做杯盤一樣。而孟子反駁告子說：「你能順著杞柳本性來做杯盤嗎？還是要戕害杞柳，然後做成杯盤嗎？如果定要戕害杞柳然後做成杯盤，那也要戕害人的本性才能做出仁義嗎？帶領著天下人去殘害仁義，必定是你的說法了吧！」筆者以爲，告子把杞柳勉強做杯盤，對比人的行仁義，有外力勉強之意。這樣的注解可能會使人誤解行仁義是後天勉強而來的，如朱熹註：「言如此，則天下之人，皆以仁義爲害性，而不肯爲，是因子之言，而爲仁義之禍也。」〔註7〕

〔註5〕張立文：《性》，頁19。
〔註6〕（漢）許慎撰；（清）段玉裁注；王進祥注音：《說文解字注》，頁630～631。
〔註7〕史次耘：《孟子今註今譯》，台北市：臺灣商務印書館，1973，頁292。

那我們先來比對〈告子2〉中的另一篇：

> 告子曰：「性猶湍水也，決諸東方則東流，決諸西方則西流。人性之
> 無分於善不善也，猶水之無分於東西也。」孟子曰：「水信無分於東
> 西。無分於上下乎？人性之善也，猶水之就下也。人無有不善，水
> 無有不下。今夫水，搏而躍之，可使過顙；激而行之，可使在山。
> 是豈水之性哉？其勢則然也。人之可使爲不善，其性亦猶是也。」

告子說人的本性無善或不善的區別，就像水沒有一定向東或向西流的定向。孟子卻以爲水流確實沒有東西方的定向，但是應有上下之分。一個人的本性善或不善是情勢（外在力量）所造成的。

孟子喜歡用水做比喻。如：「民之歸仁也，猶水之就下、獸之走壙也。」〈離婁9〉其中說人民歸向仁德，就像水往下流，野獸走向曠野般自然。所以孟子說「人性之善也，猶水之就下也」有依順自然之意味。既然孟子認爲人的性行仁義不該是如告子所言外力勉強而來，那麼孟子顯然把人的性行仁義歸爲發自人的內在，自然而來的。

那麼再來看看〈告子3〉中又提到的另一段：

> 告子曰：「生之謂性。」孟子曰：「生之謂性也，猶白之謂白與？」
> 曰：「然。」
>
> 「白羽之白也，猶白雪之白；白雪之白，猶白玉之白與？」曰：「然。」
>
> 「然則犬之性，猶牛之性；牛之性，猶人之性與？」

告子認爲凡是有生命的，就有性。孟子認爲如果以此爲基礎並推論下去，就會變成狗的本性就像牛的本性，而牛的本性就像人的本性那般荒謬。

如牟宗三論「生之謂性」時說：「『性者生也』之古訓，性生兩字雖可互易，但既然有『性』字出現，亦畢竟是兩個概念。就兩個概念說，『性者生也』，『生之謂性』，雖直就生之實說性，性很逼眞生之實，然字面上性字即是生之『理』，生之『所以然』。……此種生之所以然是現象學的，描述的所以然，物理的、形而下的所以然，……故荀子就之說『性惡』，其爲形而下的『所以然』亦明矣。故告子說『生之謂性』即就『食色性也』說，……此取中性材質義，而此『中性』義與『性惡』義並不衝突也。」〔註8〕

牟宗三提到告子言「生之謂性」即是「食色，性也」（〈告子4〉），這一部

〔註8〕牟宗三：《心體與性體》，第一冊，台北：正中書局，1968，頁88。

份張岱年也認同。張岱年認爲告子所說生來的是性，待學習而成的非性。食色人人皆然，不待學習，故是性。爲善固需教誨，爲惡亦待誘導，故不是性。告子的學說，今惟見於《孟子》，略而不具，其詳不可得知。告子所謂性，與孟子所謂性，實大不同。孟子以人之所以爲之特質爲性；告子則以自然的、完全無待教導的本能爲性。這種本能，未必是人之所以爲人者。告子「生之謂性」的界說，與荀子所說「性者天之就也」頗相近；但由告子的見地來講，荀子的性惡論也不對，所謂好利爭奪等，亦非生而即然，而是受教誘薰染而成。食色二者的本身，不能說是惡。〔註9〕不論是牟宗三或張岱年的觀點，都可以明顯看得出來，孟子論性的立足點就是人的性不與動物的性相提並論，也就是說根本上不在生理欲望（動物本能）之自然欲求上論性。

三、性命對揚

綜觀以上論點，可看出孟子論性時刻意排除掉「食色，性也」的部分，那麼這個部分在孟子的學說中是擺在什麼地方討論呢？我們可以參考〈盡心70〉中所提到：

> 孟子曰：「口之於味也，目之於色也，耳之於聲也，鼻之於臭也，四肢之於安佚也，性也，有命焉，君子不謂性也。仁之於父子也，義之於君臣也，禮之於賓主也，智之於賢者也，聖人之於天道也，命也，有性焉，君子不謂命也。」

孟子認爲人的官能對於相對應的美（舒適）會有欲望，是人生來而有的本性，但是事實上，能否得到要看命運，所以君子在談論這些時不說這些是本性。但是君子討論美德（仁愛、義行……等等）時，則不說其是有命運的限制，著重在人的本性上。

朱熹註釋這段提到：「程子曰。五者之欲。性也。然有分。不能皆如其願。則是命也，不可謂我性之所有而求必得之也。愚按不能皆如其願。不只爲貴賤。蓋雖富貴之極。亦有品節限制。則是亦有命也。」「程子曰。仁義禮智天之秉有厚薄清濁。然而性善可學而盡，故不謂之命也。」〔註10〕

牟宗三先生將此段話命名爲「性命對揚」章，〔註11〕他解釋第一個性的

〔註9〕張岱年：《中國哲學大綱》，臺北：藍燈文化事業股份有限公司，1992，頁252。

〔註10〕朱熹：《四書集註》下，台北：中國子學名著集成編印基金會，1978，頁897～898。

〔註11〕牟宗三：《圓善論》，台北：臺灣學生書局，1996，頁150～152。

時候認爲：「孟子雖說『口之於味也，目之於色也，耳之於聲也，鼻之於臭也，四肢之於安佚也，性也，有命焉，君子不謂性也。』，然畢竟是一種性，『食色性也』（告子語）究竟亦是人性之自然。『君子不謂性』是重點義，重點雖不由此見人之所以爲人之眞性，然亦不能說此不是人性之自然。人本有動物性與道德性（神性）之兩面。」〔註 12〕得注意的是，牟宗三在此解釋當中，認爲孟子其實是承認人的身上有兩種「性」，只是孟子不從動物性上去談論性，也就是告子所謂「生之謂性」的觀點，重點在「有命焉，君子不謂性」這段話上。

　　魏元珪在解讀此篇前後兩個「命」時認爲：「孟子在盡心章句下，兩次明言『有命焉』；如『口耳目鼻之欲有命焉，不謂性也』。後段卻云『仁義禮智命也，有性焉君子不謂命也』。」此顯可見孟子不以『口耳目鼻之欲』之生性爲人之性。蓋『仁義禮智』乃天所命我者，本爲天之所命。但是孟子寧稱之爲人所應具之性，而不以『命』視之矣。故孟子後段所云之『命』，實乃含有內在『道德命令』之意義，蓋人貴以此『內在道德之命』而成其性，俾導其外在之欲，而受內在之道德命令所統轄。」〔註 13〕

　　蔡仁厚認爲「命」有「限定義」，也就是「食色之欲」爲「得之有命」。對於人的「性」雖也受「命」的限制，但仍有部分爲自身所能具有的「控制權」。他說：「他（孟子）見到了兩面，做的一個批判性的取捨。因爲自然之性這一面，實在不足以成爲人之所以爲人的眞性正性（這是人與一般動物所同的一面，只可名之曰動物性），唯有仁義禮智天道這一面的內在道德性才是人的眞性正性（這是人所獨有而一般動物所無的一面，這才是『人之性』）。」〔註 14〕所以孟子是以內在的可自我控制的部分與外在被限制的觀點看「性」與「命」，如〈盡心 3〉提到：

　　　　孟子曰：「求則得之，舍則失之，是求有益於得也，求在我者也。求
　　　　之有道，得之有命，是求無益於得也，求在外者也。」

　　孟子認爲本性內在的求是有助益的。而追求的東西若是外在的，這種追求而得到是沒有助益的，而且這種對於外在事物的追求，能否得到則要看命運。

〔註 12〕　牟宗三：《心體與性體》，頁 337。
〔註 13〕　魏元珪：《孟荀道德哲學》，台北：海天出版社，1980，頁 138。
〔註 14〕　蔡仁厚：《孔孟荀哲學》，台北：學生書局，1990，頁 221。

對照〈告子 17〉：「言飽乎仁義也，所以不願人之膏粱之味也；令聞廣譽施於身，所以不願人之文繡也。」來看，孟子確實將「得之有命」的物質看得很淡泊。所以徐復觀提出孟子將耳目之欲將實現時必須「求於外」，與仁義理智天道當其實現時是「求於內」，兩相對應來看。所以由孟子命性的劃分，不僅將仁義之性、耳目之欲的觀念加以釐清；且將人對道德的主宰性、責任性確立起來。〔註 15〕

對於徐復觀的說法，何淑靜認為單以「求於外」、「求於內」區分並不足以解釋孟子「君子不謂性也」、「君子不謂命也」之意義。〔註 16〕何淑靜引用另一段〈盡心 21〉的內容來討論：

> 孟子曰：「廣土眾民，君子欲之，所樂不存焉。中天下而立，定四海之民，君子樂之，所性不存焉。君子所性，雖大行不加焉，雖窮居不損焉，分定故也。君子所性，仁義禮智根於心。其生色也，睟然見於面，盎於背，施於四體，四體不言而喻。」

孟子認為君子本性的可貴，在於若是理想都完全實踐，本性也不會增加，就算貧窮的隱居起來，本性也未減損分毫，這是因為君子的本性已經確定了，所以君子本性所展現的仁義禮智是根據他的心。所以孟子的「性」是「分定」的，「大行不加」「窮居不損」的。也就是說即使有外在限制（命），人在實現上要以「分定的性」盡力而為。所以導出孟子論人之「性」，是「重性」而不「重命」。

從一開始論「性」字，就提到它的原義是從生從心，但是孟子論「性」剔除掉從生（告子的生之謂性）的觀點。從告子的觀點論性，是一種包容性強、但非積極面的觀點。孟子並將一般耳目之欲（告子的食色性也）歸到「命」的部分去討論，使得孟子的「性」從生命的形體層面轉向精神意識的形上層面。也使得孟子的「性」成為專屬於人的「求之在我」的道德主體性。但是誠如牟宗三所言，筆者也以為孟子其實是承認人有兩種性，只是既然孟子排除了告子論性的觀點，那是否意味著孟子對於性採取的是嚴格的、積極面的看法？頗值得深思。而孟子的「性」已經剔除了從「生」的部分，那麼孟子的「性」必然走向從「心」的道路，也是本論文下一個部分探討的重點。

〔註 15〕 徐復觀：《中國人性論史》，台北：台北商務印書館，1984，頁 167～168。
〔註 16〕 何淑靜：《孟荀道德實踐理論之研究》，台北：文津出版社，1988，頁 165。

第二節　善性本具與即心言性

一、善性本具

在探究孟子學說中的「善性本具」之前，先來看一下《孟子》「善」這個字的意義。歷史上的中西哲學家多重視「善」的概念或理念，因爲「善」往往被視爲「價值」的根源。除了在理論哲學中的形上學或本體論裡作爲存有的超越屬性（transcendental attributes）「一」、「眞」、「善」、「美」之一，「善」與「存有」具有可互換性，「至善」或「善自身」甚至等同於「第一因」或「上帝」外，「善」也作爲實踐哲學中的倫理學裡倫理行爲或人性行爲（human acts）的價值歸趨，有些中國儒家哲學更將「善」作爲人性的代名詞、人性的本質、人性的特質或趨向。「善」的意義如何？「善」是否可以被定義（本質定義）？如何正確理解「善」？成爲中西哲學的重要課題。我們可以說，「善」的理解有幾個層次：首先，是作爲本體論或存有學之善，「善觀念」或「善自身」或「至善」，「善」即等同於存有，存有即善。其次，才是倫理道德意義之善（倫理之善），也就是倫理學強調之善。再者，才是與倫理道德意義無關之善（非倫理之善），是日常生活經常使用到的善（或「好」）。〔註17〕《孟子》全書提及「善」高達 113 次，排除非倫理意義的善之後，尚有約 83 次具有倫理意義的善。〔註18〕

孟子的性善說在中國文化裡佔有非常重要的地位，在上面談到孟告論性以湍水爲比喻的部分已經看得出孟子認爲人的性行仁義（仁義乃是倫理之善的一部份）不該是如告子所言外力勉強而來，那麼孟子顯然把人的性行仁義歸爲發自人的內在，自然而來的。那麼以這個觀點再來看〈離婁54〉中說：

> 孟子曰：「天下之言性也，則故而已矣。故者以利爲本。所惡於智者，爲其鑿也。如智者若禹之行水也，則無惡於智矣。禹之行水也，行其所無事也。如智者亦行其所無事，則智亦大矣。天之高也，星辰之遠也，苟求其故，千歲之日至，可坐而致也。」

孟子認爲天下之人所說的本性，無非指萬物固有的道理而已。之所以要討厭聰明，是因爲聰明用來穿鑿附會。禹使水順勢流泄，用的方式是順其自

〔註17〕潘小慧：〈荀子言性惡，善如何可能？〉，《哲學與文化（月刊）》第 39 卷，第 10 期，（461），2012 年 10 月，頁 3〜4（3〜21）。

〔註18〕潘小慧：《倫理的理論與實踐》，臺北市：文史哲出版社，2005，頁 47。

然。如果聰明能用來不穿鑿而順其自然，那聰明也就很大了。天是很高的，星辰是很遠的，如果能推求它們固有的道理（規律），那麼千年後的冬至，就可以坐著推算出來。

朱熹言：「利，由順也。語其自然之勢也。」〔註19〕焦循解「故」：「故，及『苟求其故』。推步者求其故，則日至可知；言性者順其故，則智不鑿」。〔註20〕孟子言性，常提及行仁義歸為發自人的內在，自然而來，筆者以為在孟子的性論中，「順性」是一個很重要的概念。那麼「順性」真的就能確定使人往行仁義（善）的方向嗎？〈盡心15〉中說：

> 孟子曰：「人之所不學而能者，其良能也；所不慮而知者，其良知也。
>
> 孩提之童，無不知愛其親者；及其長也，無不知敬其兄也。親親，
>
> 仁也；敬長，義也。無他，達之天下也。」

孟子提到人不需經過後天學習就可以做到的，是良能。不需思慮就能知道的，是良知。並舉出年紀很小的幼童，都知道要愛護自己的親人的。這並不需要特別去找這種能力從何處而來，就是通達天下人都具有的。

朱熹解「良」言：「良也，本然之善也。」〔註21〕朱熹註：「言親親敬長，雖一己之私，然達天下無不同者，所以為仁義也。」〔註22〕依照朱熹所言，孟子的「良」是為本然之善的意思，而這個知和能被放上良字，形成「良知」和「良能」，已經把它們當做人天生的本然善。而就算人良知與良能的出發點是一己的私心，這個部分顯然是從心的認知與能力來出發，並非動物性的本能來討論。所以可以根本的看出孟子的「性」確實從心不從生。我們來對照〈告子6〉的一篇來看：

> 孟子曰：「仁義禮智，非由外鑠我也，我固有之也，弗思耳矣。」

這裡提到孟子認為仁、義、禮、智，並不是由外在來美化人自身的，是人自身的內在中本來具就有的，只是沒有去想到它罷了。何淑靜解釋「固有」：「此中『固有』二字的意思，表仁義禮智為人所內在而必然地本有，即是此意。」〔註23〕這一段可看出孟子把仁義禮智當作固有的，與上一段的良知、良能所強調的本然之善相呼應。但是孟子在這一段有提到「我固有之也，弗

〔註19〕 史次耘：《孟子今註今譯》，頁230。

〔註20〕 焦循：《孟子正義》下，北京：中華書局，1987，頁584。

〔註21〕 朱熹：《四書集註》下，頁856。

〔註22〕 史次耘：《孟子今註今譯》，頁356。

〔註23〕 何淑靜：《孟荀道德實踐理論之研究》，頁174。

思耳矣。」說明雖然「固有」，但是也要去「想到」，那人如何去想到？〈盡心 16〉說：

> 孟子曰：「舜之居深山之中，與木石居，與鹿豕遊，其所以異於深山
> 之野人者幾希。及其聞一善言，見一善行，若決江河，沛然莫之能
> 禦也。」

孟子以舜住在深山內的時候舉例，認為舜當時就和深山裡的粗野之人差不了多少，但是等到舜聽到一句美善的言語，看見一件美善的行為，那人本性之中欲求善的意念，才會自然的澎湃湧出而停不下來。孟子喜用聖人來作為論性的標準，可以看得出孟子對「性」的看法，確實是極為嚴格且積極的。〈盡心 30〉另一段也提到舜：

> 孟子曰：「堯舜，性之也；湯武，身之也；五霸，假之也。久假而不
> 歸，惡知其非有也。」

孟子提到，堯、舜是順著本性行仁義；商湯、武王是通過身體力行去實踐仁義；五霸則是以假裝去實踐仁義，實際上只是假借仁義的名號而已。

這裡提到像堯舜禪讓，發自人性而自然中道，其心不違仁，是第一等的聖王，故云性之；像湯武革命，征伐出自諸侯，有違大一統之義，卻能身體力行順天應人，以天下為重，而再開新運，是二等的賢君，故云身之；像齊桓晉文，征伐出自諸侯，然尊王其名，獨霸其實，假尊王之名，行獨霸之實，是第三等的霸主，故云假之。〔註24〕

以上提到的「性之」、「身之」、「假之」是境界的差別，孟子對人行仁義可能程度的分別以實際例子說明。這裡要注意的是，對於堯舜的「性之」的說法卻是把「性」的「順性」推崇到一個最高的層次。孟子的「順性」喜歡用水比喻：

> 白圭曰：「丹之治水也愈於禹。」
>
> 孟子曰：「子過矣。禹之治水，水之道也。是故禹以四海為壑，今吾
> 子以鄰國為壑。水逆行，謂之洚水。洚水者，洪水也，仁人之所惡
> 也。吾子過矣。」〈告子 31〉
>
> 徐子曰：「仲尼亟稱於水，曰：『水哉，水哉！』何取於水也？」

〔註24〕 王邦雄、曾昭旭、楊祖漢：《孟子義理疏解》，台北市：鵝湖月刊雜誌社，1983，頁 274。

孟子曰：「原泉混混，不舍晝夜。盈科而後進，放乎四海，有本者如
是，是之取爾。苟爲無本，七八月之間雨集，溝澮皆盈；其涸也，
可立而待也。〈離婁46〉

孟子反駁白圭自認治水功力勝過禹，並提出大禹治水，是順著水的性去
做，所以大禹把大海當作能蓄水的坑，而白圭卻是把鄰國當作能蓄水的坑，
而這種行爲，是有仁德的人所討厭的。而對照另一段，孟子對於徐子疑惑孔
子爲何多次讚揚水提出看法，孟子說孔子讚揚的乃是水有本源的特色，因爲
孔子認爲若像七八月之中下的雨，這類沒有本源的水，很快就會乾涸。

上面的水喻有順流求本之義，治水喻人性的部分，更是認爲順水性而導
才是重要關鍵，也就是呼應聖王「性之」的「順性」。所以接著看下面《孟子》
的這兩段：

孟子道性善，言必稱堯舜。〈滕文公1〉

曹交問曰：「人皆可以爲堯舜，有諸？」孟子曰：「然。」

「交聞文王十尺，湯九尺，今交九尺四寸以長，食粟而已，如何則
可？」曰：「奚有於是？亦爲之而已矣。有人於此，力不能勝一匹雛，
則爲無力人矣；今日舉百鈞，則爲有力人矣。然則舉烏獲之任，是
亦爲烏獲而已矣。夫人豈以不勝爲患哉？弗爲耳。徐行後長者謂之
弟，疾行先長者謂之不弟。夫徐行者，豈人所不能哉？所不爲也。
堯舜之道，孝弟而已矣。子服堯之服，誦堯之言，行堯之行，是堯而
已矣；子服桀之服，誦桀之言，行桀之行，是桀而已矣。」〈告子22〉

孟子說性善，一定會提到堯舜。而對照另一篇曹交疑惑是否人人都能成
爲堯舜，孟子提到人能成堯舜的關鍵，在於願不願意學堯舜實行孝悌而已。
願意追尋堯舜的道路，自然成堯舜；願意追隨桀的道路，自然成爲桀。其實
孟子把堯舜聖人之性當作人應遵循的標竿，此一說法，在《孟子》中也有提
到其他人也依此爲標準探究人性。如，顏淵曰：「舜何人也？予何人也？有爲
者亦若是。」〈滕文公1〉顏淵說只要有所作爲的人都能和舜一樣。因此勞思
光認爲：「人之不能實現價值，並非因爲人之『性』中無此能力。……人所以
不能實現價值，乃由於人未能發揮本性中之價值意識，……價值根源於自覺
心是一事，經驗事實中是否可以發揮又是另一事。」〔註25〕孟子談論人性，

〔註25〕勞思光：《中國哲學史》卷一，台北：三民書局，1984，頁160～161。

喜歡以堯舜聖人爲例，說明人人同有此性。如〈告子7〉中言：「故凡同類者，舉相似也，何獨至於人而疑之？聖人與我同類者。」所以凡是同類的，都是相似的，那一般人爲什麼要懷疑這一點？聖人就是我的同類。

綜合以上可知，依孟子所言的重點便是即像舜雖居深山，及其聞一善言，見一善行，若決江河，沛然莫之能禦也。人的「順性」，「必然」會有善性湧現。也就是「順性」必然爲「善」。但是筆者以爲，孟子言談中也論及此一「必然」仍賴「聞一善言，見一善行」來誘發，可見孟子也承認後天環境的影響。孟子的「順性」均以聖人爲例，是指人的善性應該是人人都具有的，但是「善性本具」的人如何能「順性」去爲「善」，依上面的說法仍舊有後天環境影響的部分，那爲何孟子在這一部份並不多做著墨？甚至有刻意淡化的意味。這個部分在下一面會再討論。

二、即心言性

唐君毅提過：「孟子之即心言性，乃又及此心之生以言性。所謂心之生以言性，乃直接就惻隱、羞惡、辭讓、是非等心之生處而言性。」〔註26〕筆者以爲這乃是由〈告子6〉的這一段所做的理解：

> 孟子曰：「乃若其情，則可以爲善矣，乃所謂善也。若夫爲不善，非才之罪也。惻隱之心，人皆有之；羞惡之心，人皆有之；恭敬之心，人皆有之；是非之心，人皆有之。惻隱之心，仁也；羞惡之心，義也；恭敬之心，禮也；是非之心，智也。」

孟子認爲人只要順著自身的本性情感，就可以爲善，這就是性善，若是有人做出不善的事情，那不是天生資才的錯誤。因爲憐憫之心（仁德），羞惡之心（義行），恭敬之心（崇禮），是非之心（智慧），乃是人人都具有的。

這段文字看得出孟子「即心言性」的意涵，孟子以憐憫、羞惡、恭敬、是非之心，人人都有的立場說明「性」，也就是自覺思考這些內在的道德原則。如勞思光認爲：「依孟子之說『性善』即指價值意識內在於自覺心。直言之，即價值根源於自覺之主體。」〔註27〕「乃若其情，則可以爲善矣，乃所謂善也。」是孟子自身將「善」定於「人性」概念下的語意釐清，第一個「乃若其情，則可以爲善矣」的「善」是指具體的善行而言；第二個「乃所謂善也」

〔註26〕唐君毅：《中國哲學原論・原性篇》，台北：學生書局，1984，頁28。
〔註27〕勞思光：《中國哲學史》卷一，頁159。

的「善」是指人的可以為善的能力，亦即就人性自身而言。」〔註 28〕〈盡心21〉提到的：「仁義禮智根於心」說的就是仁德、義行、崇禮、智慧都根植於人的心。蔡仁厚就認為：「『仁義禮智根於心』，這句話大有意義。根，本也。性雖秉受於天，但是仁義禮智的內在之本，即是心；所謂心，本於心，就是『內在於心』的意思。在孟子，心性是一而非二，所以仁義禮智之性，必然是『內在的道德性』。」〔註 29〕而這個內在道德性在牟宗三眼中是絕對的至善，他說：「孟子由『即心言性』所說的人之『內在的道德性』之性體自己亦是絕對的至善，無條件的定然的善，是『體』善而非『事』善，因而亦不是價值判斷上的指謂詞，他們是價值的標準，而不接受判斷。」〔註 30〕

依牟宗三的觀點，孟子的「即心言性」是以心為性，性即是心的觀點來切入，所以兩者合而為一（甚至合成完全不接受判斷的至善）。不同於蔡仁厚的「心性是一而非二」，也就是心性在孟子學說中必須一併討論（一併討論並不是合而為一），無法切割。更不要談與唐君毅認為以心為主的論調，更是差異極大。不論是哪一種說法，筆者以為孟子的「即心言性」中，把「價值意識內在於自覺心」當做「性」來討論的事實是無庸置疑的。前面提到孟子論性有一個最大的特點，就是「順性」為「善」，並強調絕無外力。對照「性」的原義在古字上從生從心，唐君毅的從「此心之生」來論，最為精妙。「此心之生」有內在自覺主體的意味，更有非外鑠的意涵。更可以解釋孟子的「順性」均以聖人為例，是指人的善性應該是人人都具有的，但是「善性本具」的人如何能「順性」去為「善」，仍舊有後天環境影響的部分，為何被孟子刻意淡化的原因。原因就是孟子以「善性本具」、「即心言性」最為基礎，提出人能「順性」，且必然為「善」。目的是為人自身的「內在的道德性」，將人對道德的主宰性、責任性確立起來。筆者以為，可以說孟子以「即心善而性善」來論性善。畢竟價值根源於自覺心是一事，經驗事實中是否可以發揮又是另一事。那麼在「人人可以為堯舜」的最理想狀態下來論性善時，人如何「認知」與「擴充」內於己的「心」，並如何身體力行此一「內在的道德性」？下面，就來討論孟子中「即心善而性善」的「心」，以及孟子在道德實踐上的成德功夫。

〔註 28〕 袁保新：《孟子三辨之學歷史省察與現代詮釋》，頁 54。
〔註 29〕 蔡仁厚：《孔孟荀哲學》，頁 203～204。
〔註 30〕 牟宗三：《心體與性體》，第二冊，台北：正中書局，1968，頁 463。

第三章　孟子的心論

第一節　心的意義

一、心的原義與發展

心字首見甲骨文，王筠說：「心，中象心形，外兼象心包絡也。」《說文解字注》解「心」云：「心，人心，土藏，在身之中，象形。」〔註1〕所以一開始心的本義便是人與動物的心臟器官。張立文認為心是中國傳統哲學範疇系統中最普遍、最基本、最一般的範疇之一。〔註2〕所以可以說「心」在中國的思想裡是一個重要的中心點，《書經·盤庚》中提到的「黜乃心」與「迂乃心」指的是「去除私心」與「不通順的心」；《詩經》更常以心做為人情感的根基，人對於感情的感受都在心中，如《詩經·召南·草蟲》中提到：「未見君子，憂心忡忡」，或是《詩經·邶風·燕燕》也說：「瞻望弗及、實勞我心」。〔註3〕其實都已經有跳脫心臟器官意義的解釋。羅光以為：「在《書經》和《詩經》裡，『心』的意義，已見端緒，在《易經》裡沒有發展，在孔子的《論語》裡漸見完滿，在《中庸》《大學》裡多有發展，到孟子和荀子，乃得完成。」〔註4〕

《論語》中講到心的有三處：

> 子曰：「吾十有五而志於學，三十而立，四十而不惑，五十而知天命，
> 六十而耳順，七十而從心所欲，不踰矩。」《論語·為政》

〔註1〕　（漢）許慎撰；（清）段玉裁注；王進祥注音：《說文解字注》，頁501～502。
〔註2〕　張立文：《心》，台北：七略出版社，1996，頁1。
〔註3〕　羅光：《中國哲學思想史》，台北縣新店鎮：先知出版社，1975，頁29。
〔註4〕　羅光：《中國哲學思想史》，頁203。

子曰：「回也，其心三月不違仁，其餘則日月至焉而已矣。」《論語·雍也》

子曰：「飽食終日，無所用心，難矣哉！不有博弈者乎，爲之猶賢乎已。」《論語·陽貨》

這三段大概的意思是，孔子談到自己十五歲立志於學習，三十歲有所建樹，四十歲不困惑，五十理解自然規律，六十明辨是非，七十隨「心」所欲，不逾越規矩。孔子讚揚顏回能做到三個月「心」中不違反仁道；並提及其他人，大多只能十天半個月而已。孔子提到人整天吃飽了飯，什麼都不用「心」想，真是太困難了！認爲寧可去下棋，也比什麼都不做要來得好。

從這三個心去看，孔子以心爲善惡的中心；人之爲善爲惡，由於自己的心。孔子說自己到了七十歲，可以從心所欲，不會逾越倫理的規矩。他一生的修養，都爲達到這個目的。顏回是孔子的得意門生，還在青年練習修養的時候，能夠在三個月的長久時間，他的心不違背仁道；孔子讚揚他的善。孔子又說普通人天天飽食，不用心做事，他就必定作惡。心爲什麼是善惡的中心呢？孔子以心有欲有志。欲是心的天然而動，志是人反省之動。

因此孔子在《論語·季氏》提到：「君子有三戒：少之時，血氣未定，戒之在色；及其壯也，血氣方剛，戒之在鬭；及其老也，血氣既衰，戒之在得。」爲使「欲」向善，不能單用消極的克制，而要用積極的引導。積極的引導向善，則是在於心經過反省，規定一個目標，使心中的「欲」趨向這一目標，這稱爲「志」。志是心之所向，孔子常教導門生好好定志。心志於道，志於仁，志於善，他的心便專注在這一點，便會集中自己的理智力和意志力，去完成自己的志向。在「志裡」，我們看到心要知道志的對象和條件，心要選擇志的對象，心要發指導、理智力和意志力去追求對象。後來孟子和荀子以心能知、能主宰便是引伸和發揮孔子的思想。〔註5〕

二、孟荀論心

前面提到羅光認爲中國哲學中，「心」的意義，到孟子和荀子乃得完成。那麼在討論孟子心之前，就不得不將荀子的心也當做對照組，先做初步的理解。〔註6〕

〔註5〕 羅光：《中國哲學思想史》，頁204～205。

〔註6〕 「荀子論心」的部分只是作爲對照，以求更深入理解孟子的「心」，因此關於

（一）荀子論心

如同甲骨文中心的意義一般，在《荀子》一書可見「心」與人生理的官能並列的狀況，指的就是心臟器官，如〈性惡〉提到：

> 目好色，耳好聽，口好味，心好利，骨體膚理好愉佚，是皆生於人之情性者也。

而這種生理官能的說法，在〈王霸〉和〈正論〉中也找得到相似用法：

> 夫人之情，目欲綦色，耳欲綦聲，口欲綦味，鼻欲綦臭，心欲綦佚。此五綦者，人情之所必不免也。《荀子・王霸》

> 然則亦以人之情爲目不欲綦色，耳不欲綦聲，口不欲綦味，鼻不欲綦臭，形不欲綦佚，此五綦者，亦以人之情爲不欲乎？《荀子・正論》

我們由「心欲綦佚」和「形不欲綦佚」這兩句對比來看，「心」確實就是指一種官能，有其能力，它的能力可以在《荀子》中找到：

> 若夫目好色，耳好聽，口好味，心好利。〈性惡〉

> 目好之五色，耳好之五聲，口好之五味，心利之有天下。〈勸學〉

> 故人之情，口好味，而臭味莫美焉；耳好聲，而聲樂莫大焉；目好色，而文章致繁，婦女莫眾焉；形體好佚，而安重閒靜莫愉焉；心好利，而穀祿莫厚焉。〈王霸〉

「心好利，而穀祿莫厚焉」，顯示出「心」在形體上若和官能並列，那就和其它官能一樣，它的能力就是「好利」。所以，我們可以說爲荀子在這個部分，實際上僅僅把「心」當做爲一個能獨立運作的官能而已。

但是荀子若是只把「心」的意義界定在形體上的官能及其能力上，恐怕無法承接孔子的思想，畢竟在《論語》的心不是只有生理官能的意義而已，其實已經衍生有出「知」的能力。所以綜觀《荀子》中，我們可以看到在〈天論〉中，荀子特別把「心」稱爲「天君」，是《荀子》中對於「心」此字，另一個的獨特的別名。既然荀子特在此部分，用有別於其它章節的方式稱呼「心」，必有其特別的用意，值得我們探討。在〈天論〉中提到：

> 天職既立，天功既成，形具而神生，好惡喜怒哀樂臧焉，夫是之謂天情。耳目鼻口形能各有接而不相能也，夫是之謂天官。心居中虛，以治五官，夫是之謂天君。

《荀子》中的引述不做逐字解釋，只做大略的概念提要。

所以在《荀子》一書中，「心」果然也能找到跳脫出形體外的意義，而另有其形而上的意義，而這裡所指的「形而上」，乃是指一種「理性」，就是純粹個人的思考或思辨活動。〔註7〕而內文中天君一詞中的「君」字明顯直指統攝「以治五官」的主宰意味。也就說荀子論心時特指的形而上義，就類似西方哲學中在人認知能力的層次上討論。人類知識之所以不會成為零落的片段，知覺經驗之所以能為知識的關鍵即在於要建立一個統攝一切內容的統一點。〔註8〕這和西方哲學中所說的「理性（神）」（Logos 或 Nous）不同（乃是指的是無質料且為純形式的世界理性）。〔註9〕而這種「理性」，若對照〈解蔽〉中所言：

> 故口可劫而使墨云，形可劫而使詘申，心不可劫而使易意，是之則受，非之則辭。故曰：心容，其擇也無禁，必自現，其物也雜博，其情之至也不貳。

王忠林就將「故曰：心容，其擇也無禁，必自現，其物也雜博，其情之至也不貳」解釋為「所以，心靈狀態，它的抉擇沒有禁限，必然自動表現，心中所藏的非常雜多，而它的精專之至卻不二心」。〔註10〕我們可以看出了荀子對於「心」的「抉擇」，果然有其獨特的論述，荀子認為「心」的這個部分與其它官能不同。如張岱年所言：「以心之好利為性而不以心之能知能慮為性，此因心好利是『感而自然』的，而心之能知能慮，則是『可以知之質，可以能之具』，依荀子之界說，非在性中。」〔註11〕所以在荀學中論「心」的實質上，「心」的價值，就建立在其能「知」、能「慮」並且是統攝一切內容的統一點。

依照荀子所言，人是天所創造的。他說明了這個主體生成的次序，先有肉體，再有意識，而意識形成中有人的感情，再由「天君」（心）統合感官和情緒。所以荀子在〈正名〉中說：

> 心有徵知。徵知，則緣耳而知聲可也，緣目而知形可也。然而徵知

〔註7〕 朱敏伶：〈從荀子的性惡論看「善」的實現〉，輔仁大學哲學研究所碩士論文，2012，頁30。

〔註8〕 伍至學：〈亞里斯多德之形而上學結構分析〉，《哲學與文化（月刊）》第30卷，第2期，（345），2003年2月，頁73～74。

〔註9〕 姚厚介：《西方哲學史》，第二卷，《古代希臘與羅馬哲學（下）》，南京：鳳凰出版社，江蘇人民出版社，2005，頁761～762。

〔註10〕 王忠林：《新譯荀子讀本》，臺北市：三民書局，1972，頁327。

〔註11〕 張岱年：《中國哲學大綱》，頁294。

必將待天官之當簿其類，然後可也。

對照〈解蔽〉中提到：

心者，形之君也，而神明之主也。

這段說明「心」乃是形與神明（理性）的主宰，就可知「心」在人身上的主宰地位。而這個主宰則要修練「志」（與孔子的「志」意義相近），這個部分可以在〈修身〉中看到：

志意修則驕富貴，道義重則輕王公；內省而外物輕矣。傳曰：「君子役物，小人役於物。」此之謂矣。

這裡的「志意」，也就是「意志」。〔註12〕荀子以為人要透過修鍊「志意」的過程才能節制人的情欲，不被外物所影響，當處利害時能堅定應該所選擇者。所以荀子說對於君子小人應該論心，〈非相〉中說：

故相形不如論心，論心不如擇術；形不勝心，心不勝術；術正而心順之，則形相雖惡而心術善，無害為君子也。形相雖善而心術惡，無害為小人也。

所以荀子不只以為要確保「心術善」，更是將論心視為評斷君子和小人的重要標準。而荀子論心就是要心的能力，知、慮的意志能向善，才能成為君子。那為什麼荀子要訓練志？這個部分的原因顯然與孔子相同，因為荀子認為若不節制，欲望將是無窮無盡。他認為欲望無窮盡的後果，必會招來禍患，如〈正名〉中提到：

志輕理而不重物者，無之有也；外重物而不內憂者，無之有也；行離理而不外危者，無之有也；外危而不內恐者，無之有也。心憂恐，則口銜芻豢而不知其味，耳聽鐘鼓而不知其聲，目視黼黻而不知其狀，輕煖平簟而體不知其安。……故欲養其欲而縱其情，欲養其性而危其形，欲養其樂而攻其心，欲養其名而亂其行，如此者，雖封侯稱君，其與夫盜無以異；乘軒戴絻，其與無足無以異。夫是之謂以己為物役矣。

這樣的人，只一直想追求欲望而不知滿足，所以反倒被物質欲望所控制著。所以荀子才會提倡「節欲」和「導欲」，〈正名〉中說：

欲雖不可盡，可以近盡也。欲雖不可去，求可節也。所欲雖不可盡，求者猶近盡；欲雖不可去，所求不得，慮者欲節求也。道者、進則

〔註12〕楊承彬：《孔、孟、荀的道德思想》，台北市：臺灣商務印書館，1992，頁81。

近盡，退則節求，天下莫之若也。

羅光解釋這段時說：「按照心理學來說，有欲和無欲是兩個不相同的特性，和本性相連，不能從有欲而變成無欲。欲多或欲少，也是兩個不同的特性，和本性相連，也不能由從多欲而變成少欲。唯一的辦法，於導欲或節欲，即是由心按照生活之道去導引欲之動或節制欲之動。」〔註13〕所以羅光所言，荀子認為人能作自己的主人，關鍵在於心（同於孔子以心為善惡的中心；人之為善為惡，由於自己的心）。這一點符合於〈正名〉所說的：

　　心平愉，則色不及傭而可以養目，聲不及傭而可以養耳，蔬食菜羹

　　而可以養口，……夫是之謂重己役物。

而這裡的「節欲」和「導欲」，顯然是呼應孔子，不能單用消極的克制「欲」，而要用積極的引導。

從以上的分析可看出，荀子論心確實有能知、能主宰；甚至修練「志」向善的成分，就連在論欲的面向上也有孔子思想的痕跡。只是從荀子論性惡，就可以顯示出荀子對於人在社會上消極面的論述與討論著墨甚多。孔子的論「心」是單純的以心為善惡的中心；認為人之為善為惡，由於自己的心。荀子雖也設定「志」向善，但是顯然對於人萬一做不到向善的擔憂與懲罰，做了非常多延伸，這個部分則不同於孔子，雖然看似消極，但是其實以荀子學說中強調「化性起偽」，甚至將心稱為天君來強調「心」的主宰力，可以看出荀子其實是極為積極看待「心」的能力。只是荀子學說並非本章重點，討論就到此為止。接著就來討論本章的重點，也就是孟子的「心」。

（二）孟子論心

《荀子》中的「心」有明顯的官能義，在〈告子15〉也有類似意思：

　　公都子問曰：「鈞是人也，或為大人，或為小人，何也？」

　　孟子曰：「從其大體為大人，從其小體為小人。」

　　曰：「鈞是人也，或從其大體，或從其小體，何也？」

　　曰：「耳目之官不思，而蔽於物，物交物，則引之而已矣。心之官則思，思則得之，不思則不得也。此天之所與我者，先立乎其大者，則其小者弗能奪也。此為大人而已矣。」

〔註13〕羅光：《羅光全書》，六冊，《中國哲學思想史・先秦篇》，臺北市：臺灣學生書局，1996，頁636。

　　孟子回答公都子的問題時，提出人若跟隨專屬人的重大官能（心）發展的成爲君子；反之，若跟隨與禽獸相同的微小官能發展，就變成小人。原因在於耳朵眼睛這類的感官不會思考，會被外物蒙蔽。而心這個官能則不同，心是可以進行思考的，思考之後就會得到「善」，而這就是天賦予人類的。所以人只要先確立好「心」，則其它感官就無法取代，這樣便可以成爲君子。

　　趙歧注：「大體，心思禮儀。小體，縱恣情慾。」，趙歧注「耳目之官不思，而蔽於物，物交物，則引之而已矣。心之官則思，思則得之，不思則不得也。此天之所與我者，先立乎其大者，則其小者弗能奪也。此爲大人而已矣。」謂：「孟子曰，人有耳目之官，不思，故爲物所蔽。官，精神所在也。謂人有五官六府。物，事也。利慾之事，來交引其精神，心官不思善，故失其道而陷爲小人也。比方天所與人情性，先立乎其大者，謂生而有善性也。小者，情慾也。」〔註14〕孟子把人順小體歸爲情慾，與禽獸相同。而前面討論時已提到，孟子把「食色之欲」視爲「得之有命」，所以這裡說人「不該順欲」（小體之情慾）的論欲的方式，反倒不若荀子在「節欲」的論述上更有繼承孔子「戒之在色、戒之在鬪、戒之在得」的一致性。

　　焦循說：「孟子稱耳目爲官，亦稱心爲官。蓋心雖能統耳目，而各有所司，心不能代耳司聽，代目司視，猶耳目能聽能視而不能思。耳目不能思，須受治於心之思；心不能司聽司視，而非心之思，則視聽不能不蔽於物。」〔註15〕孟子確實有把「心」當做感官來談論，甚至認爲「心」能夠統馭耳朵眼睛等官能，這一點與上面提到《荀子‧天論》中的「天君」有著極爲相似的意義。也就是，將「心」確立在人的主宰力上。這一篇的重點其實是在論君子、小人的差異，跟《荀子‧非相》中：「故相形不如論心，……術正而心順之，則形相雖惡而心術善，無害爲君子也。形相雖善而心術惡，無害爲小人也。」的重點相同，就是君子和小人的分別就是在「心」。那麼這一段與荀子不同的是什麼？就在「思」字上。荀子官能義上的「心」，論其能力是「好利」。但是孟子在官能義上直接點出「耳目之官不思，而蔽於物」，反面解釋便是人的耳朵眼睛想不蔽於物，一定得靠心的「思」。這個部分和荀子所言「心好利」的官能截然不同，反倒是和荀子提到的心的「知」和「慮」較爲接近。但是，從上面的討論來看，荀子雖談論心的「知」和「慮」，但是卻明顯不是擺在官

〔註14〕焦循：《孟子正義》下，頁792。
〔註15〕焦循：《孟子正義》下，頁795。

能義的部分的「心」談論。

魏元珪認為：「心之官則思，思而得之，此『思』實包括反省與思考言，道德心貴乎反省，知識心在乎思考，而孟子實特重道德反省方面之知，人苟無此道德反省之心，則必追逐耳目口鼻之欲，而至良知益泯耳。夫一念反省，仁義便頓下呈現，故仁義乃心所固有，亦天命所秉賦。」〔註16〕簡而言之，孟子所言大體指自覺心，小體指感官，本段話明指出自覺心與感官的差別。〔註17〕

〈告子17〉有另一段論心可比對來看：

> 孟子曰：「欲貴者，人之同心也。人人有貴於己者，弗思耳。人之所貴者，非良貴也。趙孟之所貴，趙孟能賤之。《詩》云：『既醉以酒，既飽以德。』言飽乎仁義也，所以不願人之膏粱之味也；令聞廣譽施於身，所以不願人之文繡也。」

這一段內容中，孟子說明人人想要得到尊貴，是每個人共同的心願。但是他人所給的尊貴，並不是真正的尊貴。也就是說真正的尊貴，是對仁義美德已感到滿足，而讓美好的名聲與廣博的稱讚施行在自己身上，也就不會羨慕他人所擁有的美食或華服。

趙歧在註釋這段時提到：「人皆同欲貴之心，人人自有貴者在己身，不思之耳。在己者，謂仁義廣譽也。凡人之所貴富貴，故曰非良貴也。趙孟，晉卿之貴者。能貴人，能賤人，人之所自有者，他人不能賤之也。」〔註18〕孟子認為每個人都會為外界的物質華麗美妙而陷入迷惑，但是每個人要想到如何修養內在心性，才能得到真正的「良貴」。而依前一段來看，「良貴」應該指「大體」，「人之所貴」指「小體」。並舉出「趙孟之所貴，趙孟能賤之」，人若依順著「大體」（自覺心），或依順著「小體」（感官）之高下分別，已不言而喻。〔註19〕但是細看孟子所言「依順大體（自覺心）」的言論後，而比對前面提到孔子的「志於道」，似乎荀子以為人要透過修鍊「志意」的過程才能節制人的情欲，並確保「心術善」的說法，更為契合孔子本意。

在這裡，看到孟子論「心」的方式，可能會產生一個疑惑，就是到底孟子有沒有承繼「心」的本義便是人與動物的心臟器官說法呢？依上面的討論，

〔註16〕 魏元珪：《孟荀道德哲學》，頁84～85。
〔註17〕 勞思光：《新編中國哲學史》，台北：三民書局，2002，頁162。
〔註18〕 焦循：《孟子正義》下，頁796。
〔註19〕 楊承彬：《孔、孟、荀的道德思想》，頁81。

《孟子》中好像有相關言論官能義的說法做爲開端，但是細讀之後，卻發現孟子又峰迴路轉到「心之官則思」的非傳統官能義（心臟器官）的認知討論上。其實我們在上一章已經提到孟子論「性」不在生理欲望上論性，特別重視「性」在人之所以爲人的獨有性上去談論。而對於孟子「順性」必然爲「善」（此曰爲本然善，不藉外力，人本固有）的說法，必須搭配而其「即心言性」的論述，就能導向出「即心善而性善」的根本立場。那麼對孟子而言，「心」爲一官能，但是其「心之官則思」在官能生成時也同時確立了此一「本然善」的存在，沒有先後之分。那麼這和宋明理學中因爲接受「天理流行」所對先秦人性論的發明（人性本善）〔註20〕是一樣的意思嗎？

　　我們先來看以「心之官則思」論「心」的方式很特別，也就是孟子的「心」可以算是最終的現實（思）就是存有（官能義）本身，而這裡提到的「思」類似亞里斯多德認爲理智接觸思想和思想變成可思想的；〔註21〕思就是要思考「本然善」的存在，孟子又強調人要思考「善」時，就要「回到自己的心靈深處」。也就是德行不需外求，就在人的心靈之中。很像西方哲學中奧古斯丁提到人的靈魂有自知之明，能給予內省靈魂本身的睿智生活。〔註22〕所以《孟子》在這種理解下論「心」，自然沒有單獨指官能義（心臟器官）的用法，這樣看似有違一般人的理解，事實是孟子點出人之所以爲人的獨到之處。孟子學說中所言能夠證明性善之心意，則是在種種外物反應之上，對「自身」的「再思」──人感受自身之感受（如對受到戕賊之憤恨感受），人思自身之思（如人對自身不善之無法接受），此進一步之自覺性才開始出現孟子所謂「心之官則思」之心。因爲，能由蔽於物或受物所引的狀態中自反，人方能獨立而純粹作爲「人」地思考，人性至此得以呈露，心故是高於其他一切適時的人類真正之事實，唯心足以表述人性；也因爲孟子對「心」意義之認識，所有現象之性質（如內／外、主／客、或善／惡）都必須重新釐定。〔註23〕孟子雖然在「心之官則思」的說法中，認爲人在官能生成時也同時確立了此一「本然善」的存在，沒有先後之分。但是孟子認爲人必須透過「心」的自覺

〔註20〕　劉振雄：〈從「性善」到「性本善」─一個儒學核心概念轉化之探討〉，《東華人文學報》，第七期，2005，頁98。
〔註21〕　伍至學：〈亞里斯多德之形而上學結構分析〉，頁80。
〔註22〕　傅偉勳：《西洋哲學史》，台北：三民書局，2014，頁173。
〔註23〕　簡良如：〈性善論的成立─《孟子‧告子上》前六章人性論問題分析〉，《臺大文史哲學報》，第七十一期，2009，頁67。

性才能呈現出此一人獨特的「本然善」。所以嚴格來說，其實孟子的「性善」絕對並不等同於「人性本善」。

筆者比對到此，察覺孟子「心之官則思」的部分確實也有孔子思想的痕跡，孔子所言：「從心所欲，不踰矩。」更是與孟子的「順性」必然為「善」，有異曲同工之妙。只是這個境界在孔子眼中需修練到七十歲才能達到，孟子卻說「心之官則思」在官能生成時也同時確立了此一「本然善」的存在。其差異的原因為何？將會在後面討論。前面提到荀子論性惡，就可以顯示出荀子對於人在社會上消極面的論述與討論著墨甚多；孟子論性善，也可以概略的知道孟子對於人在社會上積極面的論述與討論著墨也甚多。所以孟荀在論「性」上，也確實展現出孔子「性相近，習相遠」的各自精闢表述。可見孟荀學說確實都是孔子思想的延伸和發展，只是孟子較為幸運，一直被視為儒家的正統，不像荀子被被視為儒家的歧出，而且歷代都被非議甚多。

而〈告子 8〉中說的：「孔子曰：『操則存，舍則亡；出入無時，莫知其鄉。』惟心之謂與？」提到孔子認為把持就能保存，捨棄便會失去。出入的時間不固定，沒有人知道它往哪個哪個方向去，說的便是人的「心」的精妙之處。這是孔子對於心在人身上活動時，獨立且難測的神妙特質所做的描述。而此一特質，在荀子稱為「知、慮」，另做非官能義的討論；在孟子則把其定位在「心之官則思」，也就是沒有先後之分的官能與「思」（本然善）並存。孟荀兩人雖都繼承孔子學說，但也在論「心」上的根本上，有著對孔子思想的各自解讀之下，埋下雙方學說之歧異的種子，學術路徑也至此確定分道揚鑣。而孟子把心的活動從以口鼻為主的活動中擺開，如乍見孺子將入於井之例，而發現心的直接而獨立的活動，卻含有四端之善。〔註24〕所以，孟子的「心」擴充到四端之善，會是下一個部分的重點。

第二節　四心到四端

上一段堤到，孟子以如乍見孺子將入於井之例，而發現心的直接而獨立的活動，卻含有四端之善。〔註25〕孟子的四端指的就是仁、義、禮、智，孟子說：「仁之實，事親是也；義之實，從兄是也。智之實，知斯二者弗去也；

〔註24〕 徐復觀：《中國人性論史》，頁 173。
〔註25〕 盧雪昆：《儒家的心性學與道德形上學》，台北：文津出版社，1991，頁 56。

禮之實，節文斯二者是也」（〈離婁 27〉），可看得出「智」的目的是認知並固守「仁」與「義」；「禮」的實質是節制或文飾「仁」與「義」。所以四端中其實是以「仁」與「義」爲主。

在〈公孫丑 6〉內提到：

> 孟子曰：「人皆有不忍人之心。先王有不忍人之心，斯有不忍人之政矣。以不忍人之心，行不忍人之政，治天下可運之掌上。所以謂人皆有不忍人之心者，今人乍見孺子將入於井，皆有怵惕惻隱之心。非所以內交於孺子之父母也，非所以要譽於鄉黨朋友也，非惡其聲而然也。由是觀之，無惻隱之心，非人也；無羞惡之心，非人也；無辭讓之心，非人也；無是非之心，非人也。惻隱之心，仁之端也；羞惡之心，義之端也；辭讓之心，禮之端也；是非之心，智之端也。人之有是四端也，猶其有四體也。有是四端而自謂不能者，自賊者也；謂其君不能者，賊其君者也。凡有四端於我者，知皆擴而充之矣，若火之始然，泉之始達。苟能充之，足以保四海；苟不充之，不足以事父母。」

這裡，孟子點出每個人都有不忍他人受苦之心，簡單的舉出例子，比方說有人突然看到一個小孩快要掉到井裡面去，皆會出現驚恐憐憫的心情。而憐憫心便是仁德的發端，有這種發端卻說自己不能做善事，是自我賊害。而能擴充四個善端，就足夠保有天下；如果不能擴充，就連侍奉父母的能力都不夠。

趙歧注「所以謂人皆有不忍人之心者，今人乍見孺子將入於井，皆有怵惕惻隱之心。非所以內交於孺子之父母也，非所以要譽於鄉黨朋友也，非惡其聲而然也」謂：「乍，暫也。孺子，未有知小子也。所以言人皆有是心，凡人暫見小小孺子將入井，賢愚皆有驚駭之情，情發於中，非爲人也，非惡有不仁之聲名，故怵惕也。」〔註26〕所以此一原典的關鍵在「乍見」，孟子言「今人乍見孺子將入於井，皆有怵惕惻隱之心」後，立即說明「非所以內交於孺子之父母也，非所以要譽於鄉黨朋友也，非惡其聲而然也」。此便是依心先有之欲望如是爲「惡其聲」便可只是依一生物本能或生理上之衝動而生之反應。在此等處，人之有某反應，只見人在反應之先之「有所爲」者，而不能見人之本心之性。只有不是爲滿足吾人原先之「所爲」，而直發之感應，乃可見人

〔註26〕 焦循：《孟子正義》下，頁 233。

之本心。〔註 27〕而此處之感應，即皆無私的，故人之性是善的。而這個乍見小孩入井即生憐憫之心，是人心一種最純粹原始的感應，建立在人都有的「不忍」上。這個「不忍」除了在此處提到，另在〈梁惠王7〉中有詳盡的狀況描述：

> 曰：「若寡人者，可以保民乎哉？」曰：「可。」曰：「何由知吾可也？」
>
> 曰：「臣聞之胡齕曰，王坐於堂上，有牽牛而過堂下者，王見之，曰：『牛何之？』對曰：『將以釁鐘。』王曰：『舍之！吾不忍其觳觫，若無罪而就死地。』對曰：『然則廢釁鐘與？』曰：『何可廢也？以羊易之！』不識有諸？」曰：「有之。」曰：「是心足以王矣。百姓皆以王為愛也，臣固知王之不忍也。」王曰：「然。誠有百姓者。齊國雖褊小，吾何愛一牛？即不忍其觳觫，若無罪而就死地，故以羊易之也。」曰：「王無異於百姓之以王為愛也。以小易大，彼惡知之？王若隱其無罪而就死地，則牛羊何擇焉？」
>
> 王笑曰：「是誠何心哉？我非愛其財。而易之以羊也，宜乎百姓之謂我愛也。」
>
> 曰：「無傷也，是乃仁術也，見牛未見羊也。君子之於禽獸也，見其生，不忍見其死；聞其聲，不忍食其肉。是以君子遠庖廚也。」

孟子藉由齊宣王見牛即將被殺而發抖的當下，心自然生出不忍。連齊宣王自己也表示並不知道當時看見牛發抖害怕的瞬間是怎樣的心理，居然就決定用羊代替牛去祭祀，導致人民懷疑齊宣王的作法是吝嗇，因為一般人只察覺到羊比較小，牛比較大。孟子則分析很詳盡，他認為事實上齊宣王看見的是牛，不是羊。所以對牛起了不忍之心，是因為看見牠活著，不忍牠死去；聽見牠哀叫，不忍吃牠的肉。這樣的「仁心」，在孟子來看，並不是偶然，這是人人皆有的必然反應。而齊宣王在那一瞬間發出的「不忍」，可連自己都沒有意識到，這就是孟子言「弗思耳矣」。齊宣王「不忍」的對象是牛。那麼對照這個「不忍」之心，對象由禽獸改針對於人（孺子），就是「不忍人之心」，孟子便是以此為「四心」到「四端」的發端。

焦循說得好：「不忍人之心即是惻隱之心。惻隱為仁之端，仁義禮智四端一貫，故但舉惻隱，而羞惡、辭讓、是非即具矣。但有仁之端，而仁義禮智

〔註27〕 唐君毅：《中國哲學原論》上冊，香港：人生出版社，1966，頁77～78。

之端即具矣。」〔註28〕所以孟子言無惻隱、羞惡、辭讓、是非之心，非人也。朱熹注「惻隱之心，仁之端也；羞惡之心，義之端也；辭讓之心，禮之端也；是非之心，智之端也。人之有是四端也，猶其有四體也。有是四端而自謂不能者，自賊者也」時說：「惻隱羞惡辭讓是非。情也。仁義禮智。性也。心。統性情者也。端。緒也。因其情之發。而性知本然可得見。猶有物在中。而緒見於外也。」〔註29〕

　　這必須與〈告子6〉：「仁義禮智，非由外鑠我也，我固有之也，弗思耳矣。」對照來看，仁義禮智本身就是人內在具有的，依靠的就是這個「不忍人之心」這個「端」，也就是強調一開始的「緒」。孟子已經很明確的指出，「四端」是一個先天的、內在於人的「本然善」的崇高地位。肯定的便是價值意識內在於自覺心，或爲自覺心本有。孟子所言的「四端之心」亦具有在一切理性存有一律皆能成立皆有效的普遍性。孟子就「四端之心」之生而言善之性，由心善論證性善，人如果能盡其本性，就無不善之行爲發生。

　　對照〈離婁47〉中說到：「察於人倫，由仁義行，非行仁義也」。孟子特將仁義並稱，而前面已經談到「仁」時，已經討論過是人的「不忍之心」，那麼孟子的「義」是什麼呢？〈告子4〉中說：

　　　　告子曰：「食色，性也。仁，內也，非外也；義，外也，非內也。」

　　　　孟子曰：「何以謂仁內義外也？」

　　　　曰：「彼長而我長之，非有長於我也；猶彼白而我白之，從其白於外也，故謂之外也。」

　　　　曰：「異於白馬之白也，無以異於白人之白也：不識長馬之長也，無以異於長人之長與？且謂長者義乎？長之者義乎？」

　　　　曰：「吾弟則愛之，秦人之弟則不愛也，是以我爲悅者也，故謂之內。長楚人之長，亦長吾之長，是以長爲悅者也，故謂之外也。」

　　　　曰：「耆秦人之炙，無以異於耆吾炙。夫物則亦有然者也，然則耆炙亦有外與？」

　　這一段提到孟子不認同告子說與人相互親愛是內在的，而行爲方式是外在的的說法。告子說明以自身（我）作爲愛否的標準，所以他愛自己的弟弟，

<hr>

〔註28〕　焦循：《孟子正義》下，頁233。
〔註29〕　朱熹：《四書集註》下，頁554。

不愛秦國人的弟弟，原因就是與人相互親愛是內在的。但是尊敬楚人的長輩，也尊敬自身的長輩，是以年長作為尊敬的標準，會這樣行事的原因就是因為行為方式是外在的。

從孟子的答辯之中，我們可以看出告子認為「仁」是以我自己為準的，而「義」卻是以客觀的法則為準的。孟子對此深感不以為然，便質疑同是年長，為人對年長之人與年長之馬的態度是否一致呢？為一合理的解釋，便是「義」是源自我們道德本心在面對年長之人時的自我要求。〔註 30〕當然，其實告子主張「義外」，並非否定「仁義道德」，只是認為道德價值非自然天性，只是需要後天學習。〔註31〕此一部分非本文重點，就暫且擱置。

〈告子5〉中的另一段說：

> 孟季子問公都子曰：「何以謂義內也？」
>
> 曰：「行吾敬，故謂之內也。」
>
> 「鄉人長於伯兄一歲，則誰敬？」曰：「敬兄。」
>
> 「酌則誰先？」曰：「先酌鄉人。」
>
> 「所敬在此，所長在彼，果在外，非由內也。」公都子不能答，以告孟子。孟子曰：「敬叔父乎？敬弟乎？彼將曰『敬叔父』。曰：『弟為屍，則誰敬？』彼將曰『敬弟。』子曰：『惡在其敬叔父也？』彼將曰：『在位故也。』子亦曰：『在位故也。庸敬在兄，斯須之敬在鄉人。』」季子聞之曰：「敬叔父則敬，敬弟則敬，果在外，非由內也。」公都子曰：「冬日則飲湯，夏日則飲水，然則飲食亦在外也？」

孟子藉由回答公都子的話語闡明，一般人是因為地位的緣故，需要尊敬兄長，但在不同的場合就該恭敬地對待他人，其中的道理便是，如何行為均是由內心判斷，不是單憑外在情況決定的。

孟子的回答非常簡要，重點在指明：我們的施敬雖然隨外在環境而調整，但裁決何時「應當」敬誰，卻決定於我們的道德本心。換言之，何者「當」敬，何者「不當」敬，何者「當」先敬，何者「當」後敬，如果沒有道德心的衡量裁決，僅僅是客觀事實見諸於認知理性，我們仍然無從分判。因此，站在孟子立場，只要我們確認「當敬」與「不當敬」是一種應然的價值判斷，

〔註30〕 袁保新：《孟子三辨之學歷史省察與現代詮釋》，頁 141。

〔註31〕 朱湘鈺，〈告子性論定位之省思—從〈性自命出〉與告子性論之比較談起〉，《師大學報》，五十二卷第一、二期【人文與社會類】，2007，頁 30。

與客觀實然的認知無關，那麼這種「應然」的判斷就必須交給我們先驗的道德心來解釋。〔註32〕由以上兩段原典的解釋可知，孟子的「義」，指的就是一個裁決何時「應當」與「不應當」的道德本心。

知道了孟子學說中的「義」指的是「道德本心」之後，我們就可以再來看〈梁惠王1〉中提到：

> 孟子見梁惠王。王曰：「叟不遠千里而來，亦將有以利吾國乎？」
>
> 孟子對曰：「王何必曰利？亦有仁義而已矣。王曰『何以利吾國』？大夫曰『何以利吾家』？士庶人曰『何以利吾身』？上下交征利而國危矣。萬乘之國弒其君者，必千乘之家；千乘之國弒其君者，必百乘之家。萬取千焉，千取百焉，不為不多矣。苟為後義而先利，不奪不饜。未有仁而遺其親者也，未有義而後其君者也。王亦曰仁義而已矣，何必曰利？」

孟子對梁惠王說明，舉國上下若是互相爭奪利益，國家就會處於危險之中。因為如果把義放在後，而把利擺在前，人們不奪得國君的地位是永遠不會滿足的。反過來說，會講「仁」的人絕不會拋棄父母，講「義」的人也絕不會不顧君王。所以孟子希望梁惠王治國不該講利，應以仁義為先。

文中的「上下交征利」的說法可能來自墨翟，墨翟講兼愛，意義在於「交相利」，彼此互相求有利於人。《墨子》說：「義，利也」，墨翟認為「利」是人之天性所追求的，便是合於人性，合於人性的事，當然稱為義。但是墨翟的利，以天志為標準，不合於天志者不求。〔註33〕所以，如張家焌言：「《墨子》實乃一部『博施濟眾，愛利天下』的巨著。」〔註34〕所以其實墨家的「利」不同於儒家孔子言「君子喻於義，小人喻於利」的「私利」言。而對照孟子在〈滕文公14〉說：「天下之言，不歸楊，則歸墨。」孟子所處的時代當時，除了墨家，還有一個楊朱的「為我」思想也講「利」。〈盡心26〉說：「楊子取為我，拔一毛而利天下，不為也」，說的便是楊朱見統治者的多事多欲，認為天下之所以亂，正在於人主觀上自以為利於他人的行為太多了，所以要大家都退而獨善其身。〔註35〕依孟子之言，楊朱之說當時乃是顯學，但是「拔一

〔註32〕　袁保新：《孟子三辨之學歷史省察與現代詮釋》，頁142～143。

〔註33〕　羅光：《中國哲學思想史》，頁301。

〔註34〕　張家焌：《先秦儒道墨思想論文集》，台北縣新莊市：哲學與文化月刊社，2010，頁201。

〔註35〕　梁韋弦：《孟子研究》，台北市：文津出版社，1993，頁132。

毛而利天下，不爲也」的意思，就眞的就只是講究自私嗎？楊朱的拔一毛而利天下，也可以解讀爲美德，但並不是義務。楊朱爲我思想的重要性，便是提醒我們切莫混淆了美德和義務，以避免將美德錯認爲義務之時，會產生不必要的暴力。〔註 36〕

　　前面在論四心到四端時，已說明此善端在孟子眼中來自「本心」，是人天生自然而擁有的，所以當然不能認同墨翟把人倫親情定位在「交相利」（互致利益）上；再者孟子在「義」的定義上，指出這乃是一個裁決何時「應當」與「不應當」的道德本心，所以明顯也不可能認同楊朱「拔一毛而利天下，不爲也」的想法。在孟子的思想中的道德本心，若裁決此事「應當」爲之而能「利天下」，絕不會在意區區只「拔一毛」而卻步不前。而「義利之辨」爲中國思想史的一項重大議題，尤其在以儒家爲主導的思想史裡，如何分辨義利，往往是學者相當重視的。〔註 37〕所以，孟子在談到義利的關係時，全力主張先義後利。儒家以三代以上爲太平盛世的信念，認爲當時君民上下都重視仁義，不事循利。到了春秋時期，由於王綱不振，風氣轉變，利門大張，導致仁義消沉。〔註 38〕這正是孟子所處身的戰國時代的感慨，認爲逐利的風潮興起，於是兵禍連結，民不聊生。進而使得義利關係出現變化，人民安處其中既久，恐怕會形成一種社會習俗，而這種社會習俗既成，要改變就非常困難了。所以孟子認爲這種談利的風氣非常令人憂心，對於梁惠王說「王亦曰仁義而已矣，何必曰利」，更是顯示出孟子學說中把「義」的內容當作爲道德本心極爲重要的一個呈現。

　　至此，我們可知孟子在論性之時，確立了從心不從生的根本之後，確實提出這種「有是四端而自謂不能者，自賊者也」的說法，對於人的心性，不僅僅是嚴格的、積極面的看法，甚至可以算是近乎嚴苛的審視。進而要求人必須從一開始的「不忍人之心」的「緒」開始，像一個小小的火苗或者是像一個泉水的開始的小流水一般，需要用後天修養的功夫「擴充」，才能夠點燃成爲大火或澎湃成爲湧泉，最後才能確實實踐仁義禮智。而這一句「苟能充之，足以保四海；苟不充之，不足以事父母」，更是用極其嚴厲的口吻警告替自己找藉口無法行善的人，將會有多可怕的後果。

〔註 36〕高柏園：《孟子哲學與先秦思想》，台北市：文津出版社，1996，頁 139。
〔註 37〕黃俊傑主編：《孟子思想的歷史發展》，台北市：中研院文哲所，1995，頁 153。
〔註 38〕黃俊傑主編：《孟子思想的歷史發展》，頁 175。

　　所以羅光說：「孟子講心有仁義禮智之端，即是能。能需培養，需發揮，儒家的美德，是心的德能的發育，發自內，顯於外。普通說『修德』是外面的涵養功夫，天天努力增加善德的程度。西洋哲學以善德爲好的習慣，由人加工，漸漸加在人身上，人心有各種才能，才能用時，做成用的方式，常常用同一方式，積成習慣，便於運用，習慣乃是加上心的能力上一種動的方式，好的習慣就是善德，壞的習慣就毛病，善德乃是心以外的方式。但孟子主張善德爲心的德能，修德便是養心，德由內發。」〔註39〕羅光指出儒家把人之所以爲人的實質（心的德能的發揮）呈現歸爲人獨有的本性。而「心的德能的發揮」的說法類似多瑪斯所談的 prudentia(prudence)課題，肯定它是理智的「明智」，更是四樞德的首德——「智德」。〔註40〕那麼什麼是「智德」？「智德」思想就是關於智慧（一種知識），尤其是實踐智慧（phronesis；practical wisdom；prudence）的道德意含；或者是（實踐）智慧與道德二者關係問題的基本看法。而在中國哲學思想史上，最早將「智」視爲一種道德規範和道德德行，並且對智德加以倡導與強調的，是儒家的創始人孔子。〔註41〕當然，多瑪斯四樞德中的「智德」與孔子所說的「智」，其實質內涵並不等同，而孟子的四端（仁、義、禮、智）與多瑪斯的四樞德（智德、義德、勇德、節德）或有著重不同，但是其實都是針對人的德行做探討。〔註42〕羅光指出西洋哲學以善德爲好的習慣，由人加工，漸漸加在人身上，善德乃是心以外的方式。不同於西方倫理學的態度，孟子則更進一步肯定君子所性之「仁、義、禮、智」四德乃「根於心」，也就是孟子在此除了從「君子」的角度闡述性外，並以爲性乃根源於心；孟子可說是建立儒家人性論向內求索的第一人，也傾向將倫理學朝往道德內在性的思維方式，影響後代儒學發展甚鉅。〔註43〕這也讓我們可以想像得到，孟子對於人的內在修養與成德功夫將有極爲深刻的論述，而下一個部分，將會以此範圍做爲討論的重點。

〔註39〕　羅光：《儒家生命哲學》，台北：臺灣學生書局，1995，頁 404～405。

〔註40〕　多瑪斯的四樞德，指智德、義德、勇德、節德，爲倫理學的「基本德行」（principal virtues）。見潘小慧：《四德行論》，台北市：哲學與文化月刊社，2007，頁 4。

〔註41〕　潘小慧：《四德行論》，頁 45。

〔註42〕　多瑪斯四樞德的實質內涵其實有許多與中國儒家哲學（包含孟子的四端）可相對比較來看，不過其思想進路並不相同。將其提出乃是爲了更瞭解孟子這種獨有的「道德內在性」（道德本心）學說。四樞德的內容非本論文重點，在此擱置不細論。

〔註43〕　潘小慧：《四德行論》，頁 65。

第四章　德與性的統一

　　在儒學裡，亞聖孟子一直被視爲是繼承孔子思想的開始，因此孟子總是成爲歷來學者們多所研究的對象。其中孟子的「心性論」思想是重要的討論議題，孟子思想體系之重要概念大抵有三：其一、孟子性善說的依據何在？「心」與「性」的關係、性善論的現代意義。二、孟子思想中「心」的本質，心與身的關係。其三、孟子思想中「養氣之學」的內涵。〔註1〕而在本論文的探討來看，孟子學說若依此三大主題來看，應該使用「縱貫法」來看，所謂的縱貫法就是確立一個主腦，然後據以貫串許多心理作用，使它們先後相承，本末有序，表現次第。〔註2〕所以方東美說：「心是一個主腦，其勢可以統御人類一切知能材性，它的『體』能藏，包管萬慮，無物不貫。它的『用』能任能行，或主於身，爲形之君，或主於道，爲生之本，或以貫理，神明變化，或以宅情，慈惠精誠。……理與情的生活交融互攝，趨於一致，內得於己身，外得於人物，便可常養忠恕慈愛的美德，完成恢弘偉大的人格了。」〔註3〕

　　簡而言之，孟子學說論「人」有一個終極目標，就是一個「道德實踐人」。筆者在前面提過，孔子所言：「從心所欲，不踰矩。」與孟子的「順性」必然爲「善」，有著異曲同工之妙。只是這個境界在孔子眼中需修練到七十歲才能達到，孟子卻認爲「心之官則思」在官能生成時也同時確立了此一「本然善」的存在。筆者探究其原因，認爲其差異就是在孟子學說中，「人」的特質被推崇到最高的境界。孔子說的「從心所欲，不踰矩」七十歲才能做到，顯然需

〔註1〕黃俊傑：《孟子思想史論卷二》，台北：東大圖書公司，1991，頁11。
〔註2〕方東美：《中國人生哲學》，台北：黎明文化事業股份有限公司，1980，頁25。
〔註3〕方東美：《中國人生哲學》，頁26～28。

要長久深遠修練才能達到。孟子的「性善」，說的是「順性」必然爲「善」，其中的「善」指「本心之善端」，所以孟子認爲這個能力是人天生就具有，看的出來在「心」的部分上，不只承繼孔子，而且境界更高一層。這一點論人的獨特，同樣呈現在論「氣」方面，其學說更是在儒家獨樹一格。特別以「平旦之氣」區別人與禽獸的差異，筆者可以說孟子論「人」的在儒家不僅有獨到之處，其對「道德實踐人」的信念之堅定，更是無人能出其右。

第一節　孟子的成德功夫

一、盡心、存心

〈盡心1〉上說：

> 孟子曰：「盡其心者，知其性也。知其性，則知天矣。存其心，養其性，所以事天也。殀壽不貳，修身以俟之，所以立命也。」

這一段孟子說明人如果能竭盡心力，就會知道本性。知道了本性，就會知道天了。而保存自己的本心，修養自己的本性，就可以侍奉天了。

先來看「盡其心者，知其性也。知其性，則知天矣。」朱熹注曰：「心者，心之神明，所以具眾理而應萬事者也。性則心之所具之理，而天又理之所從以出者也。人有是心，莫非全體，然不窮理，則有所蔽而無以盡乎此心之量。」〔註4〕所以盡心是實踐的盡，此盡是往進，去進，而不是窮盡。本心會隨時呈現，但呈現只是幾希，端倪，即只有一點點，雖然這幾希就是本心，但在此時若不擴充之，努力去求盡其心，則本心只會乍然偶然，一轉眼便會隱沒不見，因爲人之現實的生命不能無息氣，不能無感性的欲求，在感性欲求強而有力的影響下，不擴充而盡其本心，是不能克服欲求的影響而有眞正道德行爲的出現。〔註5〕

所以我們可以說盡心是實踐的活動，不是認知的活動。所以「盡其心者，知其性也」中是「盡」字重，「知」字輕，人要在盡心之時，本性才會因道德活動的展現呈現出來，並對「本心」有眞正的認識。人能認知眞正的本心，才能避免外界事物誘惑感官欲望時，會影響「本心」的呈現。這個看似主觀的「盡心」實踐功夫，也就是就客觀的理性呈現。既然盡心就是盡其本心，

〔註 4〕朱熹：《四書章句集註》，台北：鵝湖出版社，1984，頁349。
〔註 5〕楊漢祖：《儒家的心學傳統》，台北：文津出版社，1995，頁78。

其本心就是四端之心（惻隱、羞惡、辭讓、是非之心）。所以盡心是擴充「四端之心」，而仁義禮智就是客觀的理性呈現，也就是道德之理。四端之心乃是心的活動，而此道德之理是人的內在本心所自發的，所以，孟子所說的「四端之心」，其客觀活動即是客觀道德之理的呈現。那麼我們再來看孟子「盡心、知性」之後的「則知天矣」的「天」是何義。

　　從字形來看「天」，《說文》中提到：「天，顛也；至高無上，從一大。」所以天不僅爲在人顛頂的原始意義，其宗教意義成爲天的重要性質，也就是具有意志的呈現。〔註6〕周人取代了商的政權（商政權時期對於自然界變化的原因，賦予「帝」這個至上神的形象）的初期，帝與天的使用仍是交錯的，慢慢的，帝的使用漸漸減少，而天則替代其成爲至上神的概念。〔註7〕所以就歷史與文字演變來看，「天」在商周時期已經具有至高無上的意志神的意義。到了春秋時代，可見《論語》中有若干關於主宰義的天，基本上和商周時期的說法相似的論述：

> 不然，獲罪於天，無所禱也。〈八佾〉

> 二三子，何患於喪乎？天下之無道也久矣，天將以夫子爲木鐸。〈八佾〉

> 天之將喪斯文也，後死者不得與於斯文也；天之未喪斯文也，匡人其如予何？〈子罕〉

> 天何言哉？四時行焉，百物生焉，天何言哉？〈陽貨〉

而孔子對於周禮衰微時，對天做了突破性的詮釋。不同於主宰義的天，而是義理性的天。〔註8〕在《論語》中亦有描述：

> 天下有道，則禮樂征伐自天子出；天下無道，則禮樂征伐自諸侯出。〈季氏〉

> 道之將行也與？命也。道之將廢也與？命也。〈憲問〉

對照《論語》中提到「五十而知天命」〈爲政〉，還有「天生德於予，桓魋其如予何？」〈述而〉來看。孔子的天，乃會下降天命於個人，具有主宰和義理

〔註6〕戴立仁：〈荀子「天」論思想研究〉，輔仁大學哲學研究所碩士論文，2001，頁29。

〔註7〕傅佩榮：《儒道天論發微》，臺北市：臺灣學生書局，1985，頁10。

〔註8〕馮友蘭指出天有五種意涵，即「物質天」、「主宰天」、「義理天」、「運命天」、「自然天」。見馮友蘭：《中國哲學史》，北京：中華書局，1992，頁55。

的雙重意義，與商周時期已有不同的內涵，這個義理性的天指出了社會的秩序能不能維持，是天下有道與無道的差別。

孟子對於天的主宰性是很強調的，《孟子》一書中可見許多：

> 順天者存，逆天者亡。〈離婁 7〉

> 莫之爲而爲者，天也；莫之致而至者，命也。〈萬章 6〉

> 君子創業垂統，爲可繼也。若夫成功，則天也。〈梁惠王 21〉

孟子認爲天和人的「命」是關係密切，所以提出了「人道」乃源自於「天道」，這種聯繫具有道德意義，也有將天視爲義理天的涵義在。在〈離婁 12〉可見：

> 誠身有道：不明乎善，不誠其身矣。是故誠者，天之道也；思誠者，
> 人之道也。

張岱年認爲這是中國學說中「天人相通」的最初倡導，他說：「性在於心，盡其心則能知性；人之性乃受於天者，實亦即天之本質，故知性則亦知天。天性一貫，性不外心。」〔註 9〕把「人道」源自於「天道」，不僅聯繫了人的道德義理源自天，更可以說是賦予了天的道德特性。我們可以在儒家的另一部經典《荀子》中，看到其中甚至用「天德」一詞來強調義理性的天，如〈不苟〉：

> 君子養心莫善於誠，致誠則無它事矣。惟仁之爲守，惟義之爲行。
> 誠心守仁則形，形則神，神則能化矣。誠心行義則理，理則明，明
> 則能變矣。變化代興，謂之天德。

還有〈王制〉提到：

> 故姦言，姦說，姦事，姦能，遁逃反側之民，職而教之，須而待之，
> 勉之以慶賞，懲之以刑罰。安職則畜，不安職則棄。五疾，上收而
> 養之，材而事之，官施而衣食之，兼覆無遺。才行反時者死無赦。
> 夫是之謂天德，是王者之政也。

其天德一說乃是延續孔孟視天具道德義的觀念。〔註 10〕所以，儒家並不以現實有限的人爲本，而隔絕了天。〔註 11〕也使得孔子的義理天在孟子的解

〔註 9〕 張岱年：《中國哲學大綱》，頁 233。
〔註 10〕 張勻翔：〈本於立人道之荀子「不求知天」與「知天」觀之智德內涵〉，《哲學與文化（月刊）》第 34 卷，第 12 期，（403），2007 年 12 月，頁 81（69～86）。
〔註 11〕 牟宗三：《中國哲學的特質》，臺北市：臺灣學生書局，1984，頁 20。

讀下，首度出現與人的心性相通的意涵，也就是人與天合其德。而接著看另一句「存其心，養其性，所以事天也」，朱熹注：「存，謂操而不舍；養，謂順而不害。事，則奉承而不違也。」〔註 12〕事天和知天意味不同，知天是表示人在踐德盡心中呈顯天之意義，有人的踐德，便有天之意義之彰顯，天理在人的自盡其心，振作與發中呈現，這很能表示出人的主體性，積極性。而事天，則表示對天的尊崇與敬畏，較顯示天道的崇高性與莊嚴性。〔註 13〕孟子對於「天」的恭敬態度同於孔子言：「君子有三畏：畏天命，畏大人，畏聖人之言。小人不知天命而不畏也，狎大人，侮聖人之言。」《論語·季氏》。

　　筆者以爲現實中人若對於萬事萬物謙遜以對，不敢以懈怠之心情時時修養其心性，便自然能知道天道的莊嚴。而「存心」是一種反求自己的功夫，與「盡心」（孟子將盡心歸爲內在）相比，「存心」就是一種外在功夫，因爲人是有感性的存在，其天心眞性常易因感性之逐物而被蒙蔽，是故須時時警覺而不使之消亡。相對於「盡心」而言，「盡心」是積極的功夫，而「存心」是屬於消極的功夫。而且一旦能存養之，其本身即有能顯發出來的力量。所以孟子最後說「殀壽不貳，修身以俟之，所以立命也。」，指的便是修養自身以等待那命數，也就是立住自己的「命」。「命」在前一部份「性命對揚」中有指出「命」有「限定義」，也就是「食色之欲」爲「得之有命」。這裡孟子指出連壽命長短也是「命」，人對於自身所能具有的「控制權」（也就是「修身」）要保持積極的態度，其它的就是交給「命」了。

　　以上可知孟子認爲欲達成此成德成聖的境界，靠的不只是上天給予的恩賜，重要的是人要返回本心，也就是要落在人的道德主體上，最後才能「與天合德」。也就是說，孟子把人的內在「盡心」之後，達到與「天人合德」的狀態，視爲人內在道德修養的最高境界。而「存心」則是實踐功夫上的道德呈現，可以使人的善性更加彰顯。存心的「心」同於盡心的「心」，便是四端之心，不令其放失。也就是說孟子成德功夫的的第一顯見便是「盡心」、「存心」（依內在道德修養之後的道德眞實呈現）。

二、養氣

　　前面提到孟子把人的內在「盡心」之後，與「天人合德」視爲人內在道德修養的最高境界。而孟子爲表現盡心養性的最高境界，也爲達到人的最高

〔註12〕　朱熹：《四書章句集註》，頁 349。
〔註13〕　楊漢祖：《儒家的心學傳統》，頁 81。

精神生活，乃實行養氣，氣爲充塞人身和宇宙的實有物，也是人的生命和宇宙萬物的生命之元素，氣週遊宇宙，貫通萬物。人能培養自身之氣，人的心便和天地相通。〔註14〕但是孟子的「氣」是什麼？〈公孫丑2〉上說：

　　曰：「敢問夫子之不動心，與告子之不動心，可得聞與？」

　　「告子曰：『不得於言，勿求於心；不得於心，勿求於氣。』不得於心，勿求於氣，可；不得於言，勿求於心，不可。夫志，氣之帥也；氣，體之充也。夫志至焉，氣次焉。故曰：『持其志，無暴其氣。』」

　　「既曰『志至焉，氣次焉』，又曰『持其志無暴其氣』者，何也？」

　　曰：「志壹則動氣，氣壹則動志也。今夫蹶者趨者，是氣也，而反動其心。」

　　這一段的內容大抵是孟子與公孫丑在討論，孟子的不動心與告子的不動心。孟子說明了人的意志，乃是人的意氣的主帥，人的意氣，是充滿人體內的巨大的精神力量。那意志是周密而周到的，意氣比起來就稍差一點。所以孟子強調意志專一則會使意氣轉移，意氣專一又會使意志搖擺，孟子認爲那些倒行逆施、趨炎附勢的人，正是因爲他們意氣用事，反而會使意氣牽動他們的心。

　　羅光認爲孟子的「氣」有受莊子影響，《莊子・達生》中說：

　　壹其性，養其氣，合其德，以通乎物之所造。夫若是者，其天守全，其神無郤，物奚自入焉！

　　莊子以人由氣聚而成，人之氣同於天地之氣。人養氣，使人心不被物欲所累，人之氣能和天地之氣相接。孟子雖不說人由氣而成，人身充滿氣，感覺之官和心思之官的活動，乃是氣的活動。所以羅光說：「『氣，體之充也。』體爲人的身體，人的身體按孟子說，分爲大體和小體，大體爲心思之官，小體爲耳目之官。氣，體爲之充，應該包括大體和小體。『充』表示充滿，也表示充塞。」那麼「志」是什麼呢？志，理學家普通以志爲心動時的對象，即是「心之所向」。心動爲情，情有所向，情之所向，就是志。普通稱爲志向。所以，志爲氣之帥。心由氣而成，心動，氣也動；心動時所有的對象，當然引著氣向對象走，所以說志爲氣之帥。但是孟子對於心的狀態另有主張「不動心」，認爲氣動時，心可以不動。因爲心能思能斷，氣自動爲自然之動，例

――――――――――――――――

〔註14〕　羅光：《中國哲學思想史》，頁327。

如：眼睛看到對象，自然就看，心遇到所喜的對象，自然就喜愛。羅光認為這和莊子曾說人心以氣與物相接一致，如《莊子・人世間》內就提到：

> 回曰：「敢問心齋。」仲尼曰：「若一志，無聽之以耳而聽之以心，無聽之以心而聽之以氣。聽止於耳，心止於符。氣也者，虛而待物者也。

莊子模擬孔子和其弟子的回答，實際說明自己的思想，人和萬物同為一氣所成，氣在天地間週遊不息。人若排除一切外物的誘惑，使自己的心空虛清靜，人便可以藉著自己的氣和天地萬物交相接。〔註15〕所以孟子的「氣」應指人的一種心理狀態，和形上的本體論沒有關係。氣自然動時，心還沒有加以思索，心還不知道，只有下意識之動。心知道了對象，加以思索而定志向，然後便可帥氣而動。而在心知道不該動時，不該向一對象時，便不要動，要制止氣的自然之動，不要再讓氣來擾亂心，使心隨著氣而動。〔註16〕所以孟子把「志」歸在「氣之帥也」，僅僅是「指加以思索而定志向，然後便可帥氣而動」的外顯行為呈現，這裡孟子所言的「志」並沒有在積極度向道的意味，並沒有像孔子「志於學」或「志於道」有「立志」（立定意志）意義的這般的強烈。筆者以為，這很可能和孟子對於心性較推崇「順」有關。

孟子不只在此處談氣，在〈告子8〉有提到另一個「平旦之氣」：

> 孟子曰：「牛山之木嘗美矣，以其郊於大國也，斧斤伐之，可以為美乎？
>
> 是其日夜之所息，雨露之所潤，非無萌蘗之生焉，牛羊又從而牧之，是以若彼濯濯也。人見其濯濯也，以為未嘗有材焉，此豈山之性也哉？雖存乎人者，豈無仁義之心哉？其所以放其良心者，亦猶斧斤之於木也，旦旦而伐之，可以為美乎？其日夜之所息，平旦之氣，其好惡與人相近也者幾希，則其旦晝之所為，有梏亡之矣。梏之反覆，則其夜氣不足以存；夜氣不足以存，則其違禽獸不遠矣。人見其禽獸也，而以為未嘗有才焉者，是豈人之情也哉？故苟得其養，無物不長；苟失其養，無物不消。孔子曰：『操則存，舍則亡；出入無時，莫知其鄉。』惟心之謂與？」

這一段說明孟子以牛山為例，說明山上的樹木曾經長得很茂盛，因為經

〔註15〕 羅光：《中國哲學思想史》，頁372。

〔註16〕 羅光：《中國哲學思想史》，頁359～361。

常被刀斧砍伐，即使新枝嫩芽生長出來，但牛羊又緊接著在山上放牧，所以牛山就變得那樣光禿禿的了，人們便誤以為它不曾生長過樹木。就像人之所以放棄良心，就是因為自身刀斧對待樹木那樣，天天砍伐自己的良心。儘管他們日夜息養善心，接觸清晨的清明之氣，但是他們第二天的所作所為，因為有束縛而受過制而消亡了。就使夜裡息養的善心不能存留下來；夜裡息養的善心不能存留下來，人們便以為他根本未曾有過善良的資質。但是其實對人的善心來說，如果得到一定的培養，便能夠將其保留下來。

蔡仁厚解「梏亡」：「『梏亡』是由於受到感性層的私欲攪擾，而未加存養之功，所以良心（仁義之心）雖有發端卻斲喪而消亡了。」〔註17〕所以保存此平旦之氣（夜氣）而充養之，不要使它為外物之欲所牽引、陷溺，不但是「人禽之別」的基本關鍵，而且亦是完成德行修養、成就德行之美首要功夫所在。〔註18〕假如孟子所謂「平旦之氣」即是指一種人異於禽獸的「清朗之氣」，這個「清朗之氣」則多出現在人剛清醒的時候。因為白晝之時，世事雜亂紛擾，耳目口鼻等五官所生之欲就會擾亂心。本心之善在日間之削弱消除殆盡，需等到夜深人靜，萬籟無聲之際，雜亂欲念妄想俱寂，此時心志平和，孟子稱其為夜氣，所以人要先存其異於禽獸的「夜氣」，才能「養氣」。

孟子認為自身的「氣」若發揚光大，可以充塞天地之間。在〈公孫丑2〉中提到：

「敢問夫子惡乎長？」

曰：「我知言，我善養吾浩然之氣。」

「敢問何謂浩然之氣？」

曰：「難言也。其為氣也，至大至剛，以直養而無害，則塞於天地之間。其為氣也，配義與道；無是餒也。是集義所生者，非義襲而取之也。

這一段，孟子回應公孫丑時提到，孟子認為自己擅長於知道語言的作用，和修養自己的浩然之氣。並解釋浩然之氣，是偉大且剛強的，需用正直去培養它，那浩然之氣就會充滿於天地之間。這種氣，要配上義行和正道，集聚義行在心中所生起的，孟子並強調這不是憑偶然的正道所能獲取的。

〔註17〕 蔡仁厚：《孔孟荀哲學》，頁196〜197。
〔註18〕 蔡仁厚：《孔孟荀哲學》，頁248〜249。

朱熹注說：「至大，初無限量。至剛，不可屈撓。蓋天地之正氣，而人得以生者，其體段本如是也。惟其自反而縮，則得其所養，而又無所作爲以害之，則其本體不虧，而充塞無閒矣。程子曰：天人一也，更不分別。浩然之氣，乃吾氣也。養而無害，則塞乎天地；一爲私意所蔽，則欿然而餒，卻甚小也。」〔註19〕看得出來孟子的「養氣」，養的便是浩然之氣，不論在何種環境，在一切的事物上，都要抱守義行而不屈就，並且堅守正道。孟子認爲自己的氣能發揚，會成爲一種別人不敢辱、高尚的氣態。而這種浩然之氣也是要靠心的「集義所生者」，而非「私意所蔽」，而人的私意往往來自人的欲望，在欲望上，孟子談「寡欲」。

三、寡欲、貴大體

〈盡心81〉說：

孟子曰：「養心莫善於寡慾。其爲人也寡慾，雖有不存焉者，寡矣；
其爲人也多欲，雖有存焉者，寡矣。」

孟子一再強調心的存養，這一段直指出說修養自己的心，最好的辦法莫過於減少慾望。因爲只有在爲人處世上能少有慾望，才不會貪得無厭。

養，即存養也。養心，即存養人的本然之心。欲，係指人的耳目口腹之欲。養心之道首在減少嗜欲，使人心盡量不受物慾的誘惑與蒙蔽，恆存其本然之心及仁義禮智諸善端。人無嗜欲則常保其純良無僞的赤子之心，「非仁無爲」，「非禮無行」，弘揚其志，擴充其善端，自可以爲大人、賢人、聖人。〔註20〕

因爲人容易被欲望所困惑，也就是使得道德日漸敗壞的原因，雖然孟子也言「口之於味也，目之於色也，耳之於聲也，鼻之於臭也，四肢之於安佚也，性也」（〈盡心70〉）是感官欲望的特性，但是特指「有命焉，君子不謂性也」（〈盡心70〉）。就是指人若能將感官欲望的特性歸爲命運，不做強求多想，自然就會寡欲，也就是達到君子的境界。可見孟子擔憂人在感官欲望上的追求愈多，而其本心受的傷害也愈大。

所以孟子特談「心」運用「志」引領充滿全身的「氣」而行（氣充滿人身，必然也在充塞在感官中），甚至認爲心知道不該動時，不該向一對象時，便不要動，要制止氣的自然之動，不要再讓氣來擾亂心，使心隨著氣而動。所以筆者以爲對於對外在誘惑的「不動心」，便是寡欲的基礎。

〔註19〕羅光：《中國哲學思想史》，頁373。
〔註20〕滕春興：《孟子教育哲學思想體系與批判》，台北：正中書局，1983，頁42。

「寡欲」是消極性的修養功夫，而「貴大體」相較則是較積極的修養功夫。〈告子 14〉說：

> 孟子曰：「人之於身也，兼所愛。兼所愛，則兼所養也。無尺寸之膚不愛焉，則無尺寸之膚不養也。所以考其善不善者，豈有他哉？於己取之而已矣。體有貴賤，有小大。無以小害大，無以賤害貴。養其小者爲小人，養其大者爲大人。今有場師，舍其梧檟，養其樲棘，則爲賤場師焉。養其一指而失其肩背，而不知也，則爲狼疾人也。飲食之人，則人賤之矣，爲其養小以失大也。飲食之人無有失也，則口腹豈適爲尺寸之膚哉？」

孟子說人們對於自己的身體，都是處處愛護的。但是其實人的身體中有貴賤之分，有小大之分。不要以小的去損害大的，不要以賤的去損害貴重的。並以不知愛護貴重植物的園藝師爲例，比喻就像是一個昏亂糊塗的人，只講究吃喝，人們都鄙賤他，因爲他貪小而失大。

朱熹注曰：「若使專養口腹，而不能失其大體，則口腹之養，軀命所關，不但爲尺寸之膚而已。但養小之人，無不失其大者，故口腹雖所當養，而終不可以以小害大，賤害貴也。」〔註21〕這裡的「大體」指心，「小體」指耳目感官。所以以能思的心爲主，耳目不能思故隨從之。

雖然說孟子並不否定小體的須求，畢竟此爲「軀命所關」，但是絕不能因爲了滿足耳目感官的欲望而放心縱情，而被欲望所陷溺。正如「魚，我所欲也；熊掌，亦我所欲也，二者不可得兼，舍魚而取熊掌者也。生，亦我所欲也；義，亦我所欲也，二者不可得兼，捨生而取義者也。」（〈告子 10〉），魚與熊掌不可得兼，生與義皆我所欲，孟子認爲該如何做就決定取捨的態度上。心如同人生的理想、價值的根源，耳目之官則是實現此理想、價值的工具，若能掌握好心的方向，行動上才會有意義。〔註22〕

四、求其放心

上面提到孟子在成德功夫上，談論許多對於人避免陷入欲望的修養功夫。但是人畢竟仍有受外界誘惑的可能，若要完全用「心之官則思」抑制氣之動，進而達到「寡欲」，恐怕有其難度。孟子便提出「求其放心」，其相關

〔註21〕 朱熹：《四書章句集註》，頁 335。
〔註22〕 林淑燕：〈孟子生命哲學之探析——以「心、性」爲核心〉，輔仁大學哲學研究所碩士論文，2010，頁 53。

言論在〈告子11〉中可找到：

> 孟子曰：「仁，人心也；義，人路也。舍其路而弗由，放其心而不知
> 求，哀哉！人有雞犬放，則知求之；有放心，而不知求。學問之道
> 無他，求其放心而已矣。」

這一段，說明孟子認為仁德，是人本質的良心，對於人來說十分重要。並認為人丟失了良心卻不知道尋求回來，實在太悲哀了！孟子用「人有雞犬放」來比喻人的雞和狗不見了，知道要去找。失去了「心」卻不知找回。但是人不可能去「外」找「心」，所以「求其放心」應是一個人如夢驚醒的自我驚覺，一個人在欲望追求陷溺之時，在「內」設法得到「心」，進而從欲望的陷溺中及時躍起。孟子言「牛山之木」時說「旦旦而伐之，可以為美乎？」，再論「則其夜氣足以存；夜氣不足以存，則其違禽獸不遠矣」，兩者同比喻人不知操存本心，本心會亡失，最終會與禽獸無異。

所以，孟子認為人心自覺是一切成德功夫的開端，一旦亡失本心，一切修養功夫便是空談，所以顯見「求其放心」此一成德功夫，在孟子學說中雖論述的篇幅不大，但是極其重要。對照孟子言「求則得之，舍則失之，是求有益於得也，求在我者也」來看，孟子將這種心隨著欲望隨波逐流後漸漸陷入其中的放失，仍舊把如夢驚醒的自我驚覺，放在「求於內」的自我警覺上。而這種自我覺察所發出的「警示」，就是說能讓被感官牽引的人，順著本心的隨時不經意的呈現時，能自己抓住。本心一旦覺察並抓住此一「警示」，修為復其本心性，便是〈盡心79〉言：「堯舜，性者也；湯武，反之也。」的「反」意，〔註23〕牟宗三稱為「逆覺」的功夫。〔註24〕孟子認為如此的成德功夫，只要人肯做，在孟子的學說中，必能「求則得之」。如楊祖漢說：「成德之教，首在能逆覺本心。」〔註25〕

第二節　孟子的人禽之別

從上面關於孟子的成德功夫中的討論中，可看到「人禽之別」是孟子學說中的核心，所以人的價值就是建構在這個核心上。在〈離婁47〉中說到：

〔註23〕朱熹註：「反之者，修為以復其性，而致聖人也。」見史次耘：《孟子今註今譯》，頁410。

〔註24〕牟宗三：《心體與性體》，第二冊，頁476。。

〔註25〕楊漢祖：《儒家的心學傳統》，頁250。

　　孟子曰：「人之所以異於禽獸者幾希，庶民去之，君子存之。舜明於
　　庶物，察於人倫，由仁義行，非行仁義也。」

孟子認為人之所以區別於禽獸的差異只有一點點，君子之所以成為君子，就
在於會去保存那一點點。比如舜，就是明白事物的道理，又懂得人際關係的
實質。趙歧注「人之所以異於禽獸者幾希」：謂「幾希，無幾也。知義不知義
之間耳。眾民去義，君子存義也。」〔註26〕牟宗三解「幾希」時認為：「孟子
說『人之所以異於禽獸者幾希』，此幾希一點自是孟子所意謂的『人之所以為
人之性』，但此性不是實然的看人之所以為人之類概念之性，而是應然地、理
想地、亦是存在主義所謂存在地看人之所以能為一道德的存在之性。」〔註27〕
　　關於「庶民去之，君子存之」，勞思光說：「此語說明所謂性者指『人之
所以異於禽獸者』，即指人之"Essence"；而此種性之內容及求理之價值自覺。
而此種自覺能否發揮其力量，又純依人之自覺努力而定。即所謂存養之義是
也。」〔註28〕這就是亞里斯多德的「形質說」，形質說就是指「潛能與實現」，
指孟子的性善為其心自覺（潛能）與發揮（實現）。對照〈告子16〉：

　　孟子曰：「有天爵者，有人爵者。仁義忠信，樂善不倦，此天爵也；
　　公卿大夫，此人爵也。古之人修其天爵，而人爵從之。今之人修其
　　天爵，以要人爵；既得人爵，而棄其天爵，則惑之甚者也，終亦必
　　亡而已矣。」

孟子認為人有天然的爵位等級，有人間的爵位等級。但是人往往一旦取
得了人間的爵位等級，就拋棄了天然的爵位等級。因為天然的爵位，是建立
人與人之間相互親愛的關係、並用最好的行為方式樂於幫助別人而不厭倦；
而人間的爵位，僅僅是指做到了公、卿、大夫等職位而已。所以說古人認為
著重修養天然的爵位，人間的爵位也就隨之而來。而今人則是以獲得人間的
爵位為目的，才去修養天然的爵位，這是本末倒置。
　　孟子講的「幾希」就是「本心」，孟子很確定人是萬物之靈，人擁有與禽
獸不同的才智靈慧；並肯定「人之所以異於禽獸者」的「人之主體性」，就是
古之人所修之「天爵」，亦是「仁義忠信，樂善不倦」。同於《禮記·禮運》
云：「故人者，其天地之德，陰陽之交，鬼神之會，五行之秀氣也……故人者，

〔註26〕焦循：《孟子正義》下，頁567。
〔註27〕牟宗三：《心體與性體》，第一冊，頁95。
〔註28〕勞思光：《中國哲學史》卷一，頁163。

天地之心也，五行之端也，食味別聲被色而生者也。」說的就是，人乃是感於天地的德、陰陽二氣交合、形體和精靈結合、吸收五行的精華而生。人乃是天地的心靈，是由五行構成的萬物之首，是懂得何時應吃何味爲好、何時應聽何聲爲好、何時應穿何種顏色之衣爲好的一種精靈。所以可以看出《禮記‧禮運》甚至將人的口味也當做異於禽獸的標準，那孟子怎麼看人的飲食如何異於禽獸呢？

〈滕文公 4〉提到：「人之有道也，飽食、煖衣、逸居而無教，則近於禽獸。」說明孟子認爲人之所以爲人，吃飽了，穿暖了，住得安逸了，如果沒有教養，那就和禽獸差不多。這一段比對〈告子 7〉說：

> 口之於味，有同耆也。易牙先得我口之所耆者也。如使口之於味也，其性與人殊，若犬馬之與我不同類也，則天下何耆皆從易牙之於味也？至於味，天下期於易牙，是天下之口相似也惟耳亦然。……故曰：口之於味也，有同耆焉；耳之於聲也，有同聽焉；目之於色也，有同美焉。至於心，獨無所同然乎？心之所同然者何也？謂理也，義也。聖人先得我心之所同然耳。故理義之悅我心，猶芻豢之悅我口。」

孟子以人人均愛吃名廚易牙的菜餚來說明天下人的口味都是相同的。所以說，人不只口對於味，有相同的嗜好；耳朵對於聲音，眼睛對於顏色，也有相同的聽覺與美感。所以孟子認爲人的內心，也必有相同之處。這個相同處就是理，是行爲方式。聖人之所以能成爲聖人，就只不過是先覺知道一般人內心本來就相同的東西罷了。

魏元珪說：「夫人類之所以稱爲靈長類者即貴能以此「心」之主宰，……故人之道德心乃統攝人食色之欲者，此即人之所以爲人之高貴處。……。蓋無此心，固亦有人之形，然在孟子視之終不得稱之爲人矣。」〔註 29〕孟子說到天下人的口味都相似，比喻人的本性都相似，這裡可以說是就是指「性善」（本性的善端都相似）。但是又言人若「飽食、煖衣、逸居而無教」，則會「近於禽獸」，說明人之所以爲人，則要「教」，要教的就是「人之道德心乃統攝人食色之欲者」的部分。這裡可看得出孟子重視人的後天教育，那麼普羅大眾將「性善」解爲「人性本善」，就可能會變成人不需被教導，因爲人已經「本善」的誤解，恐怕有違孟子「性善」原意。

〔註 29〕魏元珪：《孟荀道德哲學》，頁 139。

　　若以「人之道德心乃統攝人食色之欲者」爲「教」的重點，那「聖人先得我心之所同然耳」的「得我心之所同然耳」又是什麼呢？我們都知道《孟子》中的聖人常指堯、舜，可以於〈滕文公 1〉找到：「孟子道性善，言必稱堯舜」說的便是孟子講善良是人的本性的道理，話題不離堯舜。那麼我們可以找到關於孟子以孝道讚揚舜有三段：

　　　孟子曰：「天下大悅而將歸己。視天下悅而歸己，猶草芥也。惟舜爲
　　　然。不得乎親，不可以爲人；不順乎親，不可以爲子。舜盡事親之
　　　道而瞽瞍厎豫，瞽瞍厎豫而天下化，瞽瞍厎豫而天下之爲父子者定，
　　　此之謂大孝。」〈離婁 28〉

　　「厎」，止也；「豫」，樂也。「厎豫」，使至於樂也。〔註30〕這一段提到只有舜是把整個天下都很喜悅地歸附自己看成如同草芥一樣的。舜竭盡侍奉親人的道理而使父親鼓瞍達到了高興、愉快的心情。鼓瞍得到快樂而使天下人受感化，而父子間的倫理規範也就確定了，這就是大孝。關於父母子女間的親情，可比照下兩段一起來看：

　　　曰：「《凱風》，親之過小者也；《小弁》，親之過大者也。親之過大而
　　　不怨，是愈疏也；親之過小而怨，是不可磯也。愈疏，不孝也；不
　　　可磯，亦不孝也。孔子曰：『舜其至孝矣，五十而慕。』」〈告子 23〉

　　《小弁》是《詩經・小雅・小旻之什》中的一篇，言周幽王得襃姒生伯服後，黜申后，廢太子宜臼，於是宜臼之傅，做此詩，表達心中的哀痛。《凱風》是《詩經・國風・邶風》中的一篇，謂七子之母，僅有欲嫁之心，後爲七子所感，而不復嫁，故孟子以爲過之小者。

　　朱熹注「磯」：「水激石也。不可磯，言微激之而遽怒也。」〔註31〕孟子認爲此兩首詩提到父親的過錯雖大而不怨恨，但是難免更加疏遠親恩。母親的過錯較小而怨恨，卻無法避免太激動而不容忍母親。而不論是更加疏遠或太過激怒，都是不孝順的行爲。並認同孔子讚揚舜五十歲了還愛慕父母，是非常孝順的人。

　　　人少，則慕父母；知好色，則慕少艾；有妻子，則慕妻子；仕則慕
　　　君，不得於君則熱中。大孝終身慕父母。五十而慕者，予於大舜見
　　　之矣。〈萬章 1〉

〔註30〕史次耘：《孟子今註今譯》，頁 205。
〔註31〕史次耘：《孟子今註今譯》，頁 323。

　　孟子以上兩段均以舜爲例，提倡孝順的重要。說明人在少年時，仰慕父母；有了妻子，就會思念家室；入仕作官，就會思念君主。但是最孝順的人終身思念父母。到了五十歲還思念父母的人，就是在舜身上見到了。

　　「大孝終身慕父母」是指能貫徹終生均孝敬父母的精神，孟子並舉孔子也說過「舜其至孝矣，五十而慕」來說明舜所建立的倫理之道理乃是後世的楷模。相傳舜的父親瞽瞍與後母、弟弟經常陷害舜，但是後來舜仍能對父母不失孝道，對弟弟不失友愛。孟子更在〈告子 22〉中直言「堯舜之道，孝弟而已矣」說明堯舜行的道理，就是實行孝悌而已。「孝」指對父母還報的愛；「弟」指兄弟姊妹的友愛。所以「聖人先得我心之所同然耳」對照「孟子道性善，言必稱堯舜」，說明「人禽之別」所表現的第一步，就是孝悌倫理，也就是在家庭親情間發揮其善端。而這個孝道思想，對於人來說，就是簡單到做與不做而已。那麼也就是將人的獨特之處，定位在「德與性的統一」。讓孟子的「人禽之別」以孝悌爲第一步，逐漸推廣到家庭親情外，最終企望以達到以德化民而非以武力攝人（王霸之分）的政治實現，孟子曾引用《詩經·大雅·思齊》言：「故推恩足以保四海，不推恩無以保妻子。」，說明聖人遠勝於一般人就是善於「推」，將對待自我的心一直推出去，而能推恩者才能得民心。〔註32〕筆者以爲這就是孟子學說中最精華所在。

　　王與霸兩個觀念的提出，並非始於孟子，春秋時期的人們早已使用過。但是在論語中，孔子並沒有像孟子一樣「尊王賤霸」。孔子不但稱許齊桓公「正而不譎」（《論語·憲問》），還推崇管仲「如其仁，如其仁」、「微管仲，吾其被髮左衽矣」（《論語·憲問》）。〔註33〕所以王與霸兩者的意義在孟子之前並沒有明顯的對立，只是政治上有所區分，王指統一的君主，霸是扮演著挾天子以令諸侯的諸侯盟主。所以可以說在孟子之前，王與霸都是被肯定的。

　　所以我們從孟子所生處的時代來探究孟子在繼承儒家思想的同時，爲何又進一步言王霸之分？我們在〈告子 27〉看到：

　　　孟子曰：「五霸者，三王之罪人也；今之諸侯，五霸之罪人也；今之大夫，今之諸侯之罪人也。天子適諸侯曰巡狩，諸侯朝於天子曰述職。春省耕而補不足，秋省斂而助不給。入其疆，土地辟，田野治，養老尊賢，俊傑在位，則有慶，慶以地。入其疆，土地荒蕪，遺老

〔註32〕楊照：《孟子：雄辯時代的鬥士》，台北市：聯經出版公司，2014，頁87～88。
〔註33〕袁保新：《孟子三辨之學歷史省察與現代詮釋》，頁103。

失賢，掊克在位，則有讓。……五霸者，摟諸侯以伐諸侯者也，故
曰：五霸者，三王之罪人也。五霸，桓公爲盛。……曰：『凡我同盟
之人，既盟之後，言歸於好。』今之諸侯，皆犯此五禁，故曰：今
之諸侯，五霸之罪人也。長君之惡其罪小，逢君之惡其罪大。今之
大夫，皆逢君之惡，故曰：今之大夫，今之諸侯之罪人也。」

孟子在這裡說明五霸者，是三個聖王的罪人。但是五霸至少還願意遵守
五條盟誓。如今的諸侯，則是五霸的罪人。因爲他們助長國君的惡行，不過
比較起來其罪還小；因爲如今的大夫，甚至迎合國君的惡行，更是如今諸侯
的罪人，其罪則更大。

這裡看得出春秋時代的爭霸與戰國時期不同，以齊桓公爲例，他雖有違
王道精神，「挾天子以令諸侯」卻在表面上維持「五禁」，以維持該有的人文
禮教。戰國時代的爭霸就不一樣，連表面上遵守「五禁」都做不到，他們只
追求軍國式的富強，棄百姓於不顧。如〈公孫丑1〉說：

曰：「……且王者之不作，未有疏於此時者也；民之憔悴於虐政，未
有甚於此時者也。飢者易爲食，渴者易爲飲。孔子曰：『德之流行，
速於置郵而傳命。』當今之時，萬乘之國行仁政，民之悅之，猶解
倒懸也。故事半古之人，功必倍之，惟此時爲然。」

孟子感嘆從來沒有隔過這麼久的，還無法出現統一天下的賢君；提及老
百姓受暴政的壓榨，使得飢餓的人不擇食物，口渴的人不擇飲料。並以孔子
說過「道德的流行，比驛站傳遞政令還要迅速」，來論述若有大國施行仁政，
老百姓就像被吊著的人得到解救一樣，那樣的高興。顯示出人民對於仁政，
有極深的渴求。對照〈離婁14〉中說：

孟子曰：「……爭地以戰，殺人盈野；爭城以戰，殺人盈城。此所謂
率土地而食人肉，罪不容於死。故善戰者服上刑，連諸侯者次之，
辟草萊、任土地者次之。」

孟子對於統治者爲爭奪地盤或城鎮，而殺人遍野甚至滿城的行爲頗不認
同；認爲善於征服的人以歸服爲最上等的典範，能夠連結諸侯而不打仗的人
次之，開闢荒野來成爲土地的人則又更次之。

以上兩段都可以看出孟子對於當時代的的不滿，更可以看得出孟子講明
王與霸的問題，實質就是希望提倡仁政。所以就此一改孔子對齊桓公、管仲
霸業的肯定態度，因爲孟子看見當時憔悴於虐政的百姓，引領期望能體現王

道傳統的大一統，而決不是當時不斷將人民百姓推向戰爭的霸政。

那麼到底什麼才是「王道」？，「王」、「霸」的眞正差異在哪裡？〈公孫丑3〉中有提到：

> 孟子曰：「以力假仁者霸，霸必有大國，以德行仁者王，王不待大。
> 湯以七十里，文王以百里。以力服人者，非心服也，力不贍也；以
> 德服人者，中心悅而誠服也，如七十子之服孔子也。詩云：『自西自
> 東，自南自北，無思不服。』此之謂也。」

孟子以商湯、周文王爲例，他們憑藉小國土就能使人心歸服。又以有七十多個弟子誠心誠意歸服孔子爲例，說明因爲人民心中喜悅而誠心誠意歸服的這個道理。所以在孟子心中，認爲倚仗實力假裝愛民的霸道，也許可以建立大的國家；但是不一定要大國才能行使依靠治理規律而愛民的王道，重點是行王道能使天下人自然歸服。

依此來看，孟子區分王霸的觀念應來自孔子的「道之以政，齊之以刑，民免而無恥。道之以德，齊之以禮，有恥且格」（《論語・爲政》）。孟子區分王、霸的標準在前者「以德行仁」，而後者是「以力假仁」。「以德行仁」是以德化禮治的方式，達到人心的歸順，天下的治平；但是「以力假仁者」，只是假仁義之名，行武力征伐之實，其政權的建立，並非出於人心眞誠的擁戴，只是反抗的力量一時不足而已。〔註34〕而孟子對於「王」的實行統一，有許多相關的論述，如〈梁惠王6〉中所言：

> 孟子見梁襄王。出，語人曰：「望之不似人君，就之而不見所畏焉。
> 卒然問曰：『天下惡乎定？』吾對曰：『定於一。』『孰能一之？』對
> 曰：『不嗜殺人者能一之。』『孰能與之？』對曰：『天下莫不與也。
> 王知夫苗乎？七八月之間旱，則苗槁矣。天油然作云，沛然下雨，
> 則苗浡然興之矣。其如是，孰能御之？今夫天下之人牧，未有不嗜
> 殺人者也，如有不嗜殺人者，則天下之民皆引領而望之矣。誠如是
> 也，民歸之，由水之就下，沛然誰能御之？』」

孟子認爲梁襄王不像個國君，也不具有國君應有的威嚴。因爲梁襄王詢問孟子一些問題，顯示出他不懂天下人的期待。天下的老百姓正期待著一個國君，能不同於現今這些愛殺人的國君，只要這樣的國君一出現，老百姓就像雨水向下奔流一樣，搶著歸服其下。

〔註34〕袁保新：《孟子三辨之學歷史省察與現代詮釋》，頁102～103。

在〈離婁9〉中，亦可以找到孟子說明天下人對於國君的期待時，有與上述說法相似的一段：

> 孟子曰：「……得天下有道：得其民，斯得天下矣；得其民有道：得其心，斯得民矣；得其心有道：所欲與之聚之，所惡勿施爾也。民之歸仁也，猶水之就下、獸之走壙也。……」

孟子認為統治者若是得到百姓，就會得到天下；若是得到人民的心，就會得到人民的擁護。而方法很簡單，就是把人民所想要的就要給與他們，把人民所厭惡的就不要強加給他們。人民之歸向於仁愛，其實就像水向低處流，野獸喜歡跑在曠野一樣簡單。

《孟子》其它篇章亦有相似說法，就不再贅述。孟子這種以王道統一天下的說法，在於他肯定人民才是政治的主體，也就是政治的成敗關鍵在於是否得到人民的擁護，強調只有實行能得民心的王道才能統一天下，而此一王道的實質內涵就是要實行仁政，才能讓社會安定，解決當時人民的痛苦。

對照〈滕文公4〉中說：

> 「吾聞用夏變夷者，未聞變於夷者也。陳良，楚產也。悅周公、仲尼之道，北學於中國。……今也南蠻鴃舌之人，非先王之道，子倍子之師而學之，亦異於曾子矣。吾聞出於幽谷遷於喬木者，未聞下喬木而入於幽谷者。……」

孟子說他只聽說過，用中原的一切來改變邊遠落後地區的，沒有聽說過用邊遠落後地區的一切來改變中原的。並以陳良為例，說他本是楚人，喜愛周公、孔子的學說，本是由南而北來到中原學習。如今誹謗先王的聖賢之道，卻有人背叛自己的老師而向他學習，十分荒謬。

這一段，可相對於〈離婁29〉說：

> 孟子曰：「舜生於諸馮，遷於負夏，卒於鳴條，東夷之人也。文王生於岐周，卒於畢郢，西夷之人也。地之相去也，千有餘里；世之相後也，千有餘歲。得志行乎中國，若合符節。先聖後聖，其揆一也。」

在此段的論述中，舜是東方邊遠地區的人，而周文王是西方邊遠地區的人。這兩個地方相距千里；時代的距離更是相隔一千多年。但是他們在中國實現的志向，卻是相吻合的，原因就是，先代的聖人和後代的聖人，所施行的均是相同的道理（王道）。

這兩段強調都是以「仁」、「義」而行，而非向「霸」、「利」學習，故孟

子言：「彼陷溺其民，王往而征之，夫誰與王敵？故曰：『仁者無敵。』王請勿疑！」（〈梁惠王5〉）。也就是說蠻夷人雖是以力服人，華夏之人因懂仁義之道時能以仁服人，那蠻夷人若能明仁義之道，天下亦可以由蠻夷而成就的聖人所統一。所以孟子心中還是以仁義為王，並非存以地域觀念來侷限夷夏之別。我們都知道，中國文化一向以自己有高度文化自居，人為蠻夷之人沒有被「教化」（教以仁義之道），所以無法懂得以仁義服人，才只能以力服人。筆者以為若將《孟子》中的「夷夏」與「王霸」相對照來看，除了以「仁」、「力」服人的意涵分別外，會多出前面所言一個人民為政治主體的國家，人民需被「教化」的意義在內。以現在的眼光來看，孟子政治上的思想不但圍繞著君王是否能施行仁義、仁德，也開始出現在國家政治主體上應以人民為主體概念的發端，這樣君王才能得到民心。那麼，筆者以為我們是不是也該思索一個問題，如果能行王道的君王，若是在不明仁義的夷人所形成主體的國家中想施行仁政，那麼孟子所謂能得民心的仁政能否實行順利呢？所以筆者以為那句「吾聞出於幽谷遷於喬木者，未聞下喬木而入於幽谷者」，乃是孟子強調不應該由進化之人向未開發之人學習的重要教化意義。是不是其實蘊含著教化人民明仁義，乃是屬於王道仁政能施行並永久延續極的一個關鍵呢？其寓意不只對於孟子當時代的君王有訓示意味，也值得現今國家政治主體上的當權者警惕。

第五章　結　論

　　春秋戰國時代的政治紛亂，造就了思想史上的輝煌時期。孟子的「性善」、荀子的「性惡」、再加上告子提出的「性無善無不善」的論調，〔註 1〕讓先秦時期的人性論豐富而多元。告子認為「生之謂性」，只有生理上的自然的表現（食色性也），所以言「性無善無不善」。告子的性無善不善之論，甚至可以在出土文獻中郭店楚簡〈性自命出〉的說法，〔註 2〕找到相似解釋。〔註 3〕可見告子的性論系統，也應佔有一席之地。可惜的是，告子的相關論述只殘餘於《孟子》一書中，殊為可惜。孟子以心為性，把人能認知禮義的部分當做性，所以言「性善」；荀子以人若順著性的發展，在社會表現出來是惡，所以言「性惡」；此三派說法，各自成一格，無所謂對錯。如果能把此三人對於性的定義釐清，就會發現此三種說法彼此之間其立論各有依據。先秦時期，探討的「性」已有對自身價值判斷的成分在，如告子言「性無善無不善」，孟子言「性善」。判斷善或不善，就必須要有標準，而人對於這個標準的建立和最後判斷的結果，必須要有一個完整的論述。

　　所以，筆者以為孟子把人性定義在「善」上，是此三者之中對人性的看

〔註 1〕 李明輝：《孟子思想的哲學探討》，臺北市：中央研究院中國文哲研究所籌備處，1995，頁 97。

〔註 2〕 簡文〈性自命出〉云：「性自命出，命自天降。」是補充解釋「性」的本意，「性」可稱之為人之為物的「得（德）」，「性」與「德」均表現著中性的意涵，並不涉人倫道德的價值義。見丁原植：《楚簡儒家性情說研究》，台北市：萬卷樓圖書有限公司，2002，頁 50。

〔註 3〕 簡文〈性自命出〉中有與《孟子》書中所述告子論性的內容有相符的基調，相關說法見李玉潔：《先秦諸子思想研究》，鄭州：中州古籍出版社，2000，頁 62～66。

法最為嚴苛的。而有學者提出「後人尊孟而抑荀，無乃自放於禮法之外乎」。
〔註4〕其實是對孟子學說的誤判，甚至可以說應該連對荀子學說，都有著基本
上的誤解。荀子學說中，用「性惡」一詞，建立起一個「人」，就是能發現自
己的不完美，進而願意承認自己的不完美，甚至提出如何改善自己的不完美，
這不是最儒家所推崇的「道德實踐人」嗎？歷代學者就因為「性惡」一詞就
全盤否認荀子的學說，其實是非常可惜的。荀子使用「惡」這個字，也就是
將人行禮義的主動性和強調人應時時刻刻提醒自己需做道德實踐的部份，也
全包含於內。而其目的是荀子希望人除了針對自身之外，還要檢視在「群」
的範圍之內，對於「化性起偽」此一歷程的重視。所以在細讀荀子的學說之
後，就會發現「惡」這個字的使用，表面上看似非常大膽；而其內涵意義，
卻是處理的非常細膩。所以潘小慧提出荀學說中獨特的「解蔽心」，〔註5〕筆
者以為這乃是成為道德實踐人的關鍵；這也是對於荀子著重於個人在道德方
面的身體力行，所做的一個言簡意賅的論述。

一、人之所以異於禽獸的獨特處——性善

那麼現在社會因為孟子言「性善」，就認為孟子認為人性本善，把教化視
為無物，然後也否定孟子的學說，一樣是非常可惜的。本論文從一開始論「性」
字，就提到它的原義是從生從心，但是孟子論「性」剔除掉從生（也就是告
子的生之謂性）的觀點。我們就可以知道孟子把人的「性」定義在不可包含
有生理欲望的討論空間，孟子並將一般耳目之欲歸到「命」的部分去討論，
而孟子的「命」有限定義，屬於不可強求。使得孟子對於「人」的要求更顯
嚴格，孟子認為人除了溫飽之外，不該對生理之欲求有太多想法或強取，這
樣的論「人的欲求」，在儒家是前所未見的。基本上就是希望人認知自己的性，
不該陷在物質追求上。甚至可以說，孟子根本認定人的「性」裡面，根本沒
有物欲追求的這種部分。所以使得孟子的「性」從生命的形體層面轉向精神
意識的形上層面。也使得孟子的「性」成為專屬於人的「求之在我」的道德
主體性。而孟子的「性」已經剔除了從「生」的部分，那麼孟子的「性」注
定走向從「心」的道路。

〔註4〕廖名春：《荀子新探》，臺北：文津出版社，1994，（緒論）頁5。
〔註5〕潘小慧：〈荀子的「解蔽心」——荀學作為道德實踐論的人之哲學理解〉，《哲
學與文化（月刊）》第25卷，第6期，（289），1998年6月，頁516～536。

　　孟子言性，常提及行仁義歸爲發自人的內在，自然而來，所以在孟子的性論中，「順性」是一個很重要的概念。那麼「順性」能確定使人往行仁義（善）的依據在哪裡？孟子特別強調就算人的出發點是一己的私心（對於家人的親愛之情），這個部分也顯然是從心的認知與能力來出發。依孟子所言的重點便是即像舜雖居深山，及其聞一善言，見一善行，若決江河，沛然莫之能禦也。人的「順性」，「必然」會有善性湧現。也就是「順性」必然爲「善」論據就在於孟子的「即心言性」，也就是以心爲性，性即是心的觀點來切入，可以說兩者合而爲一（合成完全不接受判斷的至善）；或者說「心性是一而非二」，也就是心性在孟子學說中無法切割討論（一併討論並不是合而爲一），或者直接以孟子心性論中，是以心爲主討論的論調，三種說法皆可解釋孟子「心善即性善」一說。筆者以爲孟子的「即心言性」中，就是把「價值意識內在於自覺心」當做人的「性」來討論。孟子論性就是「順性」爲「善」作爲基調，並且強調絕無外力。所以前者也提到唐君毅把孟子的「性」解釋爲「此心之生」最爲精妙。「此心之生」有內在自覺主體的意味，更可以說明孟子的「順性」均以聖人爲例，是指人的善性應該是人人都具有的。就是孟子以「善性本具」、「即心言性」最爲基礎，提出人能「順性」，且必然爲「善」。目的是爲人自身的「性（此心之生）」，所展現出的「內在的道德性」確立起來。

二、以「心善即性善」爲基礎的成德功夫

　　因爲孟子以「即心善而性善」來論性善，用「人人可以爲堯舜」的最理想狀態下來論性善，並如何身體力行此一「內在的道德性」，也就是孟子學說中人應該「認知」與「擴充」內於己的「心」。而仁義禮智本身就是人內在具有的，依靠的就是這個「不忍人之心」這個「端」，所以這也是由「此心之生」強調一開始的「緒」。孟子已經很明確的指出，「四端」是一個先天的、內在於人的「本然善」。肯定的便是價值意識內在於自覺心，或爲自覺心本有。這裡要注意，孟子所言的「四端之心」亦具有在一切理性存有一律皆能成立皆有效的普遍性。孟子就「四端之心」之生而言善之性，由心善論證性善，人如果能盡其本性，就無不善之行爲發生。所以，孟子論人的「心」只能必然生出「四端」，沒有其他可能。否則一律列入「非人也」。這一點相較於言「性惡」的荀子，至少還願意接受人有生理欲望（只是若爲此爭奪，則是惡），孟子眞的是嚴以待「人性」。

　　孟子認爲人和萬物同爲一氣所成，氣在天地間週遊不息。人若排除一切外物的誘惑，使自己的心空虛清靜，人便可以藉著自己的氣和天地萬物交相接。重點是，孟子認爲氣自然動時，而在心知道不該動時，不該向一對象時，便不要動，要制止氣的自然之動，不要再讓氣來擾亂心，使心隨著氣而動。孟子更提出「平旦之氣」，這個「平旦之氣」即是指一種人異於禽獸的「清朗之氣」。然後把異於禽獸的「清朗之氣」養成浩然之氣，讓人不論在何種環境，在一切的事物上，都要抱守義行而不屈就，並且堅守正道。而這種浩然之氣也是要靠心的「集義所生者」，而非「私意所蔽」。這種儒家獨有的論「氣」之學，孟子就是以此來支撐學說中的重點，也就是「人禽之別」。我們甚至可以說「性善」中的所有內涵，都是爲了要爲了支撐這個「道德自覺人」的論述，講「心」的力量來說人異於禽獸，已經是儒家不可動搖的重要思想。但是孟子用「性善」論人的獨特之處，一個人「順性」必然可以「從心所生」出「本然善」。所以對孟子而言，「心」爲一官能，但是其「心之官則思」在官能生成時也同時確立了此一「本然善」的存在，沒有先後之分。這樣的論述不僅在儒家，可以說在中國思想中是前所未見的高度，傲視群雄。

　　而孟子論氣時提出，對於對外在誘惑的「不動心」，便是寡欲的基礎。「寡欲」是消極性的修養功夫，而「貴大體」則是較積極的修養功夫。孟子並不否定小體的須求，畢竟此爲「軀命所關」，但是絕不能因爲了滿足耳目感官的欲望而放心縱情，而被欲望所陷溺。而生與義皆我所欲，就決定取捨的態度上。「求其放心」在孟子學說中雖論述的篇幅不大，但是極其重要。孟子將這種心隨著欲望隨波逐流後漸漸陷入其中的放失，仍舊把如夢驚醒的自我驚覺，放在「求於內」的自我警覺。本心一旦覺察並抓住此一「警示」，便是真正的道德實踐的開始。牟宗三提出「逆覺」此一功夫，也就是良知的自我覺醒功夫。〔註6〕所以筆者想用牟宗三言孟子的「逆覺本心」，與潘小慧言荀子的「解蔽心」做一簡單比較。雖然說「解蔽心」也是把錯誤的原因也如西方知識論歸在主體之內，〔註7〕但是意義略有不同。荀子談的是「性惡」，所以荀子的「解蔽心」，強調的是「道德實踐人」的道德勇氣強一些；而牟宗三言孟子的「逆覺本心」，是要抓住「性」的「本心之善」，強調的是「道德實踐

〔註6〕　高柏園：《孟子哲學與先秦思想》，頁32。
〔註7〕　汪斯丹博根著，李貴良譯：《知識與方法之批判》，臺北：臺灣商務印書館，1967，頁135。

人」的道德自覺強一些。但是筆者以爲其實潘小慧言荀子的「解蔽心」與牟宗三言孟子的「逆覺本心」，其實同時都具有儒家「道德實踐人」，需要道德勇氣與道德自覺的雙重意義。只是孟荀兩者論人性看法不同，所以論述的重點有所差異。

三、「德與性的統一（人禽之別）」的教化意義

人爲了共同的生活目的而群居，是國家會形成的主因。所以人倫規範必然是社會的最首要需要處理的要務，這和希臘哲學史上的 physis 和 nomos 爭論，〔註 8〕有某種程度上的親似性。雖說整個歷史的背景發展與詳細理論不同，人類爲生存而群聚之後，究竟該依循本性？還是要堅守團體規範？抑或是在本性和團體規範中找出彈性或平衡點？似乎在人類社會的發展中也成了必經的過程。所以，孟子的學說中的重點「人禽之別」，就成爲孟子學說中最重要的討論關鍵。論孟子的「人禽之別」時，已說明「人禽之別」所表現的第一步，就是孝悌倫理，也就是在家庭親情間發揮其善端。而此善端在孟子眼中來自「本心」，是人天生自然而擁有的。而孟子在「義」的定義上，指出這乃是一個裁決何時「應當」與「不應當」的道德本心。因爲孟子所處身的戰國時代，談利的風氣非常令人憂心。而社會風氣要從君王自身改變開始，才能上行下效。所以孟子便談「王霸之分」。

王與霸兩者的意義在孟子之前並沒有明顯的對立，但是由於孟子對於當時代的不滿，使得孟子探究王與霸的問題時，實質就是希望提倡仁政。孟子這種以王道統一天下的說法，在於他肯定人民才是政治的主體，也就是政治的成敗關鍵在於是否得到人民的擁護，強調只有實行能得民心的王道才能統一天下。《孟子》中的「夷夏」與「王霸」之說更是有著王道仁政的永續教化意義，其寓意深遠，令人警醒。

所以孟子學說中的重點並不是「性善」，「性善」只是將「人之所以爲人」的意義推崇到一個至高的境界。也就是說孟子認爲「人禽之別」這個關鍵性的認知，必須確立在人乃是求於內的道德主體性，那論人異於禽獸的獨特之處，「性善」就成爲必然。孟荀在對於孔子學說中，心性解讀的各自不同，讓兩人的學說路徑就此確立分道揚鑣。但是，最後的終點呢？卻是殊途同歸，都是想建立一個理想的國家，解救人民於水火中。荀子提出「性惡」，就是早

〔註 8〕姚厚介：《希臘哲學史 2》，北京：人民出版社，1997，頁 202～206。

對人性在群體中會因無法節制欲望所造成的亂象觀察深入。只可惜荀子學說最後演變成，為了在群體中迅速有效的管理一大群人，並強迫守法當做最低限度的道德禮義。荀子提倡禮義所為主的社會，卻也因為「法家」的崛起，讓「法」成為人類社會舞台上的主角，這實非荀子本意。孟子學說也一樣，「性善」多被誤讀為人性本善，讓人誤以為孟子不倡教化。

　　孟子的「性善」在現今社會被批評是一個太過理想化的論述，殊不知孟子是對於人性光明面的信念，一種從家庭教育學習到的「擇善固執」。我們都知道，「孟母三遷」就為了讓孟子接觸到的是「善言、善行」；「殺豚不欺子」是明顯的「身教喻於言教」；「斷織教子」更是在孟子的人格上樹立了不容許「性」有一點點偏離向善的可能。這樣的縝密嚴謹的家庭教育所教育出的孟子自身，就是孟子學說中活脫脫重視教化的範例。孟子學說中「人禽之別」的重要引導就是教育，若能透過「善言」、「善行」教育讓他們成為「君子」，社會的善指日可待。可惜在今天，孟子所言的「善言」、「善行」引導孩子的想法，變成在家庭教育失能，在學校教育沒人敢要求，教育似乎失去了以禮義教化的功能。

　　在教育上常有人引用「性善」，並對其嗤之以鼻，認為對於校園的亂象毫無用處。孟子學說中的「性善」是為引伸出「人禽之別」的起點，也就是強調人之所以為人的價值；甚至可以說孟子提出的「性善」，相對於「人之所以為人」來看，是一種可以「盡乎此心之量」與「操存其心」的能力；是一種可以養「平旦之氣」為「浩然之氣」的能量，進而與天合德。所以在教育現場，筆者總是告訴孩子們要相信自己，切莫低估或否定自己的能力與價值。而從孟子把「性善」當做學說的起點來看，這會時時提醒著人們思考自身要有著「道德實踐人」的特性；再者，而人在想成為道德實踐人的時候，能察覺自身的缺陷與發覺自身能力的不足，並且尋求改進，而這也就是來求於內的「逆覺本心」，這應該是在教育現場中應該被強調的一個重點，也就是能否能教育人們成為道德實踐人的一大關鍵。

　　孟子學說中的王道統一，是一個遠大的理想。裡面有具有理想人格的聖王，經由施行仁政這個理想的歷程，進而建構出一個達到治的理想社會。如果說荀子的「性惡」就是在現實中論人性，那孟子的「性善」是在理想中論人性。但是，其實二者都是希望社會能達到安定的理想狀態。荀子的學說可以說是在現實中把論人道德勇氣的範圍中開疆闢土；而孟子則是在理想中論

人道德自覺的高度上登峰造極。兩種這種學說中都值得人探究與重視。本論文中已盡力理解孟子的思想，參酌相關學者的論述、並且試圖提出自己的詮釋。期望能判讀其間的聯繫，務求使本論文學術研究基礎更完善。其中，許多想法或表達與描述的能力尚未達精準的境界，實還有很多地方都還需要改進，但是總算是將孟子學說中的關鍵，也就是「德與性的統一（孟子的人禽之別）」做了概略的分析，期盼能更了解並貼近於孟子學說的要義。

參考書目

一、孟子典籍

1. 王邦雄、曾昭旭、楊祖漢：《孟子義理疏解》，台北市：鵝湖月刊雜誌社，1983。
2. 史次耘：《孟子今註今譯》，台北市：臺灣商務印書館，1973。
3. 朱熹：《四書集註》下，台北：中國子學名著集成編印基金會，1978。
4. 朱熹：《四書集註》上，台北：中國子學名著集成編印基金會，1978。
5. 朱熹：《四書章句集註》，台北：鵝湖出版社，1984。
6. 焦循：《孟子正義》下，北京：中華書局，1987。
7. 焦循：《孟子正義》上，北京：中華書局，1987。

二、書籍

1. 丁原植：《楚簡儒家性情說研究》，台北市：萬卷樓圖書有限公司，2002。
2. 方東美：《中國人生哲學》，台北：黎明文化事業股份有限公司，1980。
3. 王忠林：《新譯荀子讀本》，臺北市：三民書局，1972。
4. 牟宗三：《中國哲學的特質》，臺北市：臺灣學生書局，1984。
5. 牟宗三：《心體與性體》，第一冊，台北：正中書局，1968。
6. 牟宗三：《心體與性體》，第二冊，台北：正中書局，1968。
7. 牟宗三：《圓善論》，台北：臺灣學生書局，1996。
8. 何淑靜：《孟荀道德實踐理論之研究》，台北：文津出版社，1988。
9. 李玉潔：《先秦諸子思想研究》，鄭州：中州古籍出版社，2000。
10. 李明輝：《孟子思想的哲學探討》，臺北市：中央研究院中國文哲研究所

籌備處，1995。

11. 汪斯丹博根著，李貴良譯：《知識與方法之批判》，臺北：臺灣商務印書館，1967。

12. 姚厚介：《西方哲學史》，第二卷，《古代希臘與羅馬哲學（下）》，南京：鳳凰出版社，江蘇人民出版社，2005。

13. 姚厚介：《希臘哲學史2》，北京：人民出版社，1997。

14. 胡家聰：《稷下爭鳴與黃老新學》，北京：中國社會科學出版社，1998。

15. 唐君毅：《中國哲學原論》上冊，香港：人生出版社，1966。

16. 唐君毅：《中國哲學原論‧原性篇》，台北：學生書局，1984。

17. 徐復觀：《中國人性論史》，台北：台北商務印書館，1984。

18. 袁保新：《孟子三辨之學歷史省察與現代詮釋》，台北：文津出版社，1992。

19. 馬克思，恩格斯著，中共中央馬克思，恩格斯，列寧，斯大林著作編譯局編：《馬克思恩格斯選集》，北京：人民出版社，1995。

20. 高柏園：《孟子哲學與先秦思想》，台北市：文津出版社，1996。

21. 張立文：《心》，台北：七略出版社，1996。

22. 張立文：《性》，北京：中國人民大學出版社，1996。

23. 張岱年：《中國哲學大綱》，臺北：藍燈文化事業股份有限公司，1992。

24. 張家焌：《先秦儒道墨思想論文集》，台北縣新莊市：哲學與文化月刊社，2010。

25. 梁韋弦：《孟子研究》，台北市：文津出版社，1993。

26. （漢）許慎撰；（清）段玉裁注；王進祥注音：《說文解字注》，台北：鼎淵文化事業有限公司，2003。

27. 陳福濱編：《中國哲學史講義》，台北市：至潔有限公司，2006。

28. 傅佩榮：《儒道天論發微》，臺北市：臺灣學生書局，1985。

29. 傅偉勳：《西洋哲學史》，台北：三民書局，2014。

30. 傅斯年：《性命古訓辯證》，桂林：廣西師範大學出版社，2006。

31. 勞思光：《中國哲學史》卷一，台北：三民書局，1984。

32. 勞思光：《新編中國哲學史》，台北：三民書局，2002。

33. 馮友蘭：《中國哲學史》，北京：中華書局，1992。

34. 黃俊傑：《孟子思想史論卷二》，台北：東大圖書公司，1991。

35. 黃俊傑主編：《孟子思想的歷史發展》，台北市：中研院文哲所，1995。

36. 楊承彬：《孔、孟、荀的道德思想》，台北市：臺灣商務印書館，1992。

37. 楊照：《孟子：雄辯時代的鬥士》，台北市：聯經出版公司，2014。

38. 楊漢祖：《儒家的心學傳統》，台北：文津出版社，1995。

39. 廖名春：《荀子新探》，臺北：文津出版社，1994。

40. 潘小慧：《四德行論》，台北市：哲學與文化月刊社，2007。

41. 潘小慧：《倫理的理論與實踐》，臺北市：文史哲出版社，2005。

42. 滕春興：《孟子教育哲學思想體系與批判》，台北：正中書局，1983。

43. 蔡仁厚：《孔孟荀哲學》，台北：學生書局，1990。

44. 盧雪昆：《儒家的心性學與道德形上學》，台北：文津出版社，1991。

45. 錢穆：《先秦諸子繫年下冊》，臺北市：香港大學出版社，1956。

46. 魏元珪：《孟荀道德哲學》，台北：海天出版社，1980。

47. 羅光：《中國哲學思想史》，台北縣新店鎮：先知出版社，1975。

48. 羅光：《儒家生命哲學》，台北：臺灣學生書局，1995。

49. 羅光：《羅光全書》，六冊，《中國哲學思想史・先秦篇》，臺北市：臺灣學生書局，1996。

50. 羅根澤：《諸子考索》，北京：人民出版社，1958。

51. 龔群、焦國成編著：《儒門亞聖：孟子》，台北市：昭文社，1997。

三、期刊論文

1. 伍至學：〈亞里斯多德之形而上學結構分析〉，《哲學與文化（月刊）》第30卷，第2期，（345），2003年2月，頁71～84。

2. 朱湘鈺，〈告子性論定位之省思——從〈性自命出〉與告子性論之比較談起〉，《師大學報》，五十二卷第一、二期【人文與社會類】，2007年10月，頁19～35。

3. 張匀翔：〈本於立人道之荀子「不求知天」與「知天」觀之智德內涵〉，《哲學與文化（月刊）》第34卷，第12期，（403），2007年12月，頁69～86。

4. 劉振雄：〈從「性善」到「性本善」——一個儒學核心概念轉化之探討〉，《東華人文學報》，第七期，2005年7月，頁85～122。

5. 潘小慧：〈荀子言性惡，善如何可能？〉，《哲學與文化（月刊）》第39卷，第10期，（461），2012年10月，頁3～21。

6. 潘小慧：〈荀子的「解蔽心」——荀學作為道德實踐論的人之哲學理解〉，《哲學與文化（月刊）》第25卷，第6期，（289），1998年6月，頁516～536。

7. 簡良如：〈性善論的成立——《孟子・告子上》前六章人性論問題分析〉，《臺大文史哲學報》，第七十一期，2009年11月，頁63～97。

四、學位論文

1. 朱敏伶：〈從荀子的性惡論看「善」的實現〉，輔仁大學哲學研究所碩士論文，2012。

2. 林淑燕：〈孟子生命哲學之探析——以「心、性」爲核心〉，輔仁大學哲學研究所碩士論文，2010。

3. 張怡琦：〈孟子心性義理之探究〉，輔仁大學哲學研究所碩士論文，2007。

4. 戴立仁：〈荀子「天」論思想研究〉，輔仁大學哲學研究所碩士論文，2001。

後　記

　　我對於文學中的思想辯證，一開始並沒有多大興趣。一直覺得自己就是理工類組的邏輯思維，大學就讀的是新竹師範學院的數理教育學系。

　　直到妻子進入天主教輔仁大學哲學碩士班進修，細讀她的畢業論文《從荀子的性惡論看「善」的實現》之後，我才對哲學思想有初步瞭解。後來我也進入輔大哲學系進修，只是我選擇的是應用課程居多的碩士在職專班。在尤煌傑老師教授的美學課程中，我對傳統哲學出現不同的感悟。孔子的比德說讓我想到孟子的性善說；孔子對禮樂的態度，讓我想到重禮法並以性惡說聞名的荀子。修習宋明理學的課程中，發現孟荀學說自先秦以來，已經有更多延伸與討論。

　　在小學的教育現場，讓我對人性有許多的省思。細讀孟荀學說之後，覺察它們說的都是「善」，只是在社會美的大架構下，各自表述並闡揚不同的著重處。所以在決定論文主題時，我曾數度猶豫不決。最終，孟子一生對「人之所以異於禽獸」的堅定信仰吸引了我。《德與性的統一：孟子的人禽之別》講的就是「性善」，也就是獨特的「人性之美」。

　　我對人性的困惑，從輔大哲學系的美學課程內得到啟發，並求得解答。